乡愁中国

京杭大运河光影实录

THE BEIJING-HANGZHOU GRAND CANAL

《京杭大运河光影实录》编委会 编
仰坡 文

北京卷

BEIJING VOLUME

北京出版集团公司
北京美术摄影出版社

图书在版编目（CIP）数据

京杭大运河光影实录. 北京卷 / 《京杭大运河光影实录》编委会编 ； 仰坡文. — 北京 ：北京美术摄影出版社， 2019.10
（乡愁中国）
ISBN 978-7-5592-0280-2

I. ①京… II. ①京… ②仰… III. ①大运河 — 文化 — 北京 IV. ①K928.42

中国版本图书馆CIP数据核字 (2019) 第144016号

责任编辑：耿苏萌
责任印制：彭军芳

乡愁中国

京杭大运河光影实录　北京卷

JING-HANG DAYUNHE GUANGYING SHILU BEIJING JUAN

《京杭大运河光影实录》编委会　编
仰坡　文

出　版　北京出版集团公司
　　　　北京美术摄影出版社
地　址　北京北三环中路6号
邮　编　100120
网　址　www.bph.com.cn
总发行　北京出版集团公司
发　行　京版北美（北京）文化艺术传媒有限公司
经　销　新华书店
印　刷　天津联城印刷有限公司
版印次　2019年10月第1版第1次印刷
开　本　787毫米×1092毫米　1/16
印　张　11.5
字　数　123千字
书　号　ISBN 978-7-5592-0280-2
定　价　88.00元
如有印装质量问题，由本社负责调换
质量监督电话　010-58572393

中国从黄河流域的部落联盟，成长为屹立地球东方2000多年的世界一极，历史上的几次重大工程功不可没。其中，京杭大运河的开通，对国家资源的调配起到重大作用，使生产效率大幅度提高，让当时的中国迅速走上快车道。

翻开历代史书，很大一部分内容与运河治理有关：改道、建闸、修堰、筑坝、造堤、疏浚……由于华夏大地西部和北部高，东部和南部临海走低，所以大江大河统统由西往东汇入大海。为了方便沟通南北，势必要开挖南北向的人工运河。这样的尝试，早在春秋时代即已开始——吴越两国都曾开挖北跨长江、淮河的运河。但是，要想开通更加四通八达的大运河，需要以统一中国为前提。秦帝国昙花一现，汉帝国忙于备战匈奴，历史将这个“大任”降到了隋炀帝杨广的身上。

杨广开挖的隋唐大运河，就像一个巨大的“人”字，横亘在华夏大地东侧。“人”字顶端是隋朝首都洛阳，一撇向东南直达余杭（今杭州），一捺向东北至涿郡（今北京），总长约5000里。隋唐大运河开通后，帝国就像巨人被疏通了血管，顿时活力迸发。

我们今天看到的京杭大运河，是杨广死后600多年，由草原民族政权元朝皇帝忽必烈奠基的。元朝将首都定在北京——华北平原北大门，漕运通道的调整势在必行。忽必烈把“人”字“裁弯取直”，运河从北京往南直走山东、江苏到浙江，成为大写意的“一”字。江南的新绿氤氲了燕赵的灰黄，帝国的生机得以延续，通州、天津、临清、济宁、淮安等城市陆续被“点亮”，运河新城纷纷崛起。

大运河不仅沟通南北，还面向更广阔的世界。它的一端通过宁波港连接海外诸国，另一端则从中原衔接横贯亚欧的“丝绸之路”，旺盛的出口贸易，给帝国带来滚滚财富。除了促进中国的南北大融合，大运河还是一部以水波为文字、白帆为标点写下的文化史。上千年来，无数文人墨客、商贾巨富、匠师艺人在河面南来北往，这既是一张熙熙攘攘的物流运输图，也是一幅多姿多彩的文化交流图。

在华夏的版图上，京杭大运河与长城，一动一静，一虚一实，一拓展一防御，一南北一东西，共同构建起中华民族的心理原乡。作为中华儿女，不管走到哪里，翘首回望，都会看到这两条长长的飘带。“寄语飞南归北雁，大河头尾是家川。”

本丛书立足史实，图文互映，力图从人文地理、社会经济、传承保护和诗性审美等不同维度，展现时空交错的大运河全景图，还原这历史华章的风采。书里的每一个字，都被运河的浪花所濡湿。

如果以抽象画的手法画一幅老北京平面图，画面就是一个灰圈套着一个黄圈，西北方向还伸过来一根蓝线穿过这两层圈圈——灰圈自然是外城墙，负责京城的防卫；黄圈是紫禁城，维系帝王的权势；蓝线是京杭大运河，输送各地的资源。

相比富庶的长安、开封、洛阳等农耕文明中心，隋唐之前的北京只算一处军事重镇。只有当匈奴的铁蹄震得皇宫“咔咔”作响时，帝王才会把他关切的目光投向这里。直到大唐传奇落下帷幕，草原民族建立政权，北京由于地处平原和草原的分界线，才一步步成为政治舞台的主角，由金朝第四位皇帝完颜亮开启了建都史。

唐宋以来，江南逐渐演化成帝国的粮仓和人才中心。如何保证丰饶的物产快速运抵京师，为帝国发动机保持足够的燃料，唯一的解决方案就是疏通京杭大运河。这条 1800 千米长的生命线的任一节点发生意外，就会像琴弦突然断裂，帝王的心头猛然一惊。

在白花花的银两护持下，南北中国的水道数百年来基本保持通畅，舳舻蔽水，帆樯如林。一道道圣旨从京师发出，一船船钱粮器物鱼贯而来。作为世界上最长、最古老、工程量最大的人工运河，它缔造了太平洋西岸最繁华的城市带——从杭州到北京，一路灯火，一路旖旎。北京从区域中心，演变成东亚政治经济文化中心。

京杭大运河的战略意义，就连 100 多年前的西方人都看得一清二楚。鸦片战争中，侵略者攻占了漕运枢纽镇江，就如扼住巨龙的“胃管”，顿时让北京的“中枢神经”慌成一团，很快认败。马克思在《资本的流通过程》中，也以大运河为例，阐述了贸易干线是如何发挥作用的：中国南方的茶叶，从钱塘江北上进入大运河，到天津经白河到通县，然后由陆路向北穿过草原戈壁到达边境。

19 世纪晚期，随着欧洲列强战舰的炮响，在血与火的映照中，西方工业革命成果也传播到中国。铁路的兴起，让帝国交通不再仰赖这条“蓝线”，它的历史使命戛然而止。直至今日，现代技术的发展甚至能让北京瞬间连通世界。

21 世纪初，中国启动了大运河申报世界文化遗产项目活动。申报文件中有这样一句话：“今天的运河沉静而平稳，让人难以想象历史上的惊心动魄，然而每一股细流都诉说着中国古人世代的勇气、决心、智慧与牺牲。”

大运河，是记录者，看尽千年风云冷暖；是建设者，以碧波绿柳让城市更宜居；是传播者，书写我们与大自然相处的智慧；更是预言者，勾勒出我们与世界融合的蓝图。

目录

※

> 俯瞰故宫

第一章 山川形胜 王者风范

——北京城市概述

从飞机上把目光掠向华北平原的西北边缘，会看到一幅恢宏的画卷。

《朱子语类》这样描述道，冀都的山脉高耸入云，前有黄河环绕，左有泰山如巨龙盘旋，右有华山耸立如虎，河南嵩山陈列如案，淮南诸山是第二重案，江南诸峰为第三重案，它们层层卫护，让华北平原成为得天独厚的建都宝地。北京小平原，又是这

> 北京故宫角楼风景　范建华 / 摄

块宝地中的宝地：西、北、东三面环山，挡住了蒙古高原的朔风，东南方向能看到渤海的帆影，还有蓟运河、潮白河、永定河等水系氤氲，更有京杭大运河带来南方物产的滋养。北京城吞吐山川灵气，历久弥新。

1. 建都前史

公元前 1000 年左右，北京城西南的房山山谷里响起阵阵夯土的号子声，惊动了僻静山林里的野兽。这里是从中原进入北京的门户，树木葱茏，溶洞遍布，如未开发的伊甸园。人烟的兴起，是由于周武王号令诸侯伐纣成功，分封天下。武王的弟弟召公姬奭得到这片燕山南侧的平原，国号为燕。燕都旧址就在如今的房山区琉璃河镇。从燕都奠基至今，北京建城历史超过 3000 年，成为全世界仅有的拥有超长历史又充满活力的特大城市。

房山区北边，如今北京市西城区广安门一带，也曾矗立着一座城，这是蓟国的都城，因城西北有一高丘名为蓟丘，故得名。蓟的建国时间比燕更早，据说国君是尧的后裔，具体事迹已不可考。

大约在公元前 700 年，燕灭蓟，蓟城摇身变为“战国七雄”燕国的上都。后秦始皇废诸侯，立郡县，北京被设为蓟县，成为广阳郡的郡治。汉朝时它被划为幽州，直到魏晋南北朝时代，虽战乱频仍，北京始终维持着郡或州中心城市的地位，是中国北方的军事重镇。

唐朝时，北京为幽州治所，陈子昂在此写下著名的《登幽州台歌》：

前不见古人，后不见来者。

念天地之悠悠，独怆然而涕下！

安史之乱后，蓟城随着大唐一起陷入兵荒马乱。城头变换大王旗，辽——一个由契丹人建立的政权，在五代十国的乱世中崛起于北方，后与北宋形成南北割据之势。这支游牧民族的崛起，却让北京城焕然一新。辽会同元年（938年），幽州升为辽国“五京”之一——南京，又称燕京，统治者开始了全力营建。除了整修城墙，还在城中大量营建佛寺。据《顺天府志》记载，城中佛寺“如棋布星列，无虑数百”。北京现存最古老的建筑物——天宁寺塔即为辽代建筑，八角十三层，俊美挺拔。塔身雕有金刚力士、菩萨、云龙等，花纹气韵生动，体现了辽代高超的审美水平。

金收国元年（1115年），一个更为彪悍的马上政权在东北的白山黑水间诞生。依靠彪悍精锐的铁骑，女真族建立的金国仅用12年时间就灭掉了辽国和北宋。北宋遗民不得不南渡长江，在临安（今杭州）建立了南宋。

而蓟城，却迎来了新的机遇。金朝第四位皇帝完颜亮下诏将国都从黑龙江南部迁到华北平原的金中都大兴府（即北京），以此为根据地，让女真族走出草原，南下中原，统一华夏。

2. 金中都：游牧民族的雄心

北京800年的建都史由此开启。

据说，为了再造金中都，完颜亮派遣画师到当时世界最繁华的都市——北宋首都汴梁，去描绘雕梁画栋，回来后依样仿制，甚至直接拆卸精美的建筑构件回来重新组装。《金史》形容当时营建金

> 北京天坛

> 国家大剧院

> 俯瞰现代化的北京城

中都宫殿的豪奢："运一木之费至二千万，牵一车之力至五百人。宫殿之饰，遍傅黄金而后间以五采，金屑飞空如落雪。一殿之费以亿万计……"金朝中期，统治者利用城北的高梁河水系的一片浅湖营造了太宁离宫，以疏浚湖泊之土积成湖心岛，名为琼华岛，金《宫词》以"薰风十里琼华岛，一派歌声唱采莲"描绘这里的钟灵毓秀。

这也是今天北海公园的前身。

金章宗完颜璟还模拟北宋山水画家宋迪的“潇湘八景”画题，拟出“燕京八景”：太液秋风、琼岛春阴、金台夕照、蓟门飞雨、西山积雪、玉泉垂虹、卢沟晓月、居庸叠翠。至今广为流传，成为北京的八张名片。

金中都西北郊有活泉汩汩，冬夏不竭，汇聚了西山数支泉水，相传金代名士王郁在泉边设台垂钓，故名钓鱼台。金章宗在此筑亭建宫赏玩，后来亭台不存，但附近的玉渊潭喷涌不绝，由潭而池成湖。“堤柳四垂，水四面，一渚中央，渚置一榭，水置一舟，沙汀鸟闲，曲房人邃，藤花一架，水紫一方……”（《帝京景物略》）数百年后的清朝乾隆帝见此风景大为欣赏，疏浚扩充，收为皇家园林。

作为金代都城，金中都只有62年辉煌。然后这个王朝“梦想实验室”再次迎来新主人——元世祖忽必烈。

3. 元大都：马可·波罗在此膜拜

金贞祐三年（1215年），成吉思汗攻陷金中都，40多年后，他的孙子忽必烈抱着消灭南宋的野心，将蒙古国的首都从草原迁到这里。

大军节节南推，在奠定万世基业的豪情中，忽必烈脑海里逐渐构造出帝国首都的轮廓，它的名字叫“大都”，并且找到了合适的总设计师来实现——精通儒道释和天文地理的汉族僧人刘秉忠。元大都的中心位于今天的钟鼓楼附近，积水潭东北侧。古代兴建城市首先要确定“中心阁”的位置，周围的建筑由此层层扩散，就像碧波里投下一粒石子。城市中轴线也由此贯穿，左右基本对称。元大都从蒙古至元四年（1267年）开始营建，到元至元二十二年（1285年）才完成，历经18年之久。南北长约7600米，东西宽约6700米，奠定了今天北京城的基本格局。

根据《马可·波罗游记》的记载，我们可以部分还原出这座梦幻之城的一角。

大汗的宫殿位于城区南侧，周围是数重宫墙和深沟围绕的广场，城墙内林木葱茏，漫布着各种珍奇异兽。皇宫规模庞大，坐落于大理石高台之上，窗户上装着水晶般的大块玻璃，墙壁廊柱上到处装饰着镀金的龙、瑞兽和各种战争画面。

皇宫北一箭之地有座土山，四季常青，遍植名木花卉。宫殿、湖泊、园林，错落有致，赏心悦目。大都最外层的城墙根宽 10 步，越往上越窄，12 座城门分布在四面城墙，每座城门大约有 1000 名士兵驻守。城墙上还有 20 座箭楼，威严壮丽，显示着大汗的荣耀。

城中街道如棋盘，每条街道都可直达城墙根。城内宅院也都是四方形，有充分的空间安排住宅、花园、庭院。城墙外遍布旅馆，按照旅客们的籍贯进行分区安排，来自西域甚至欧洲的客商络绎不绝。刘秉忠在规划元大都时，充分考虑了对水资源的利用，将原金中都东北侧的水系即积水潭划入城中，有效美化了城内的自然景观。他的学生，著名天文学家、水利专家郭守敬对大都周围的水源进行了充分勘察，决定放弃从金代以来一直为蓟城供水的莲花池水系，而是引入京北的山泉水汇入积水潭，向东南方向穿城而过，衔接到京杭大运河北端。既解决了首都的漕运，又为城内提供了源源不断的活水，造就了美轮美奂的东方帝都。

4. 明北京：农耕文明的城市之光

元至正二十八年（1368 年）九月十一日凌晨，元朝最后一位皇帝元顺帝，带着百余扈从和少量侍卫军队，仓皇从健德门北逃。北京城迎来了新主人，一位自小失去双亲，逃过荒、要过饭的安徽放牛娃——朱元璋。

朱元璋一开始把首都定在应天府（南京），离他的老家安徽凤阳不远。朱元璋去世后，孙子朱允炆登位，是为建文帝。孰料没过几年，“渔阳鼙鼓动地来”，燕王朱棣从北平府（即元大都，洪武元年改称，取北方和平之意）起兵，以火中取栗之势，夺过了帝位。朱棣是一位有雄才大略的君主，史称永乐皇帝。他把北平改名为北京，至此，北京又一次成为帝国首都，雄踞欧亚大陆东端，成为时间和空间的原点。

明永乐十五年（1417 年）六月，一场浩大的造城运动开始了。采料的使臣遍布五湖四海，京杭大运河上舟楫相接，源源不断输送珍奇物料，凡“庙社、郊祀、坛场、宫殿、门阙、规制悉如南京，而高敞壮丽过之”（《明太宗实录》）。

明京城的中轴线基本沿用元朝，没有东西飘移，但城市中心点南迁到了如今的景山，即当年的万岁山。这里至少有两层用意：

一是，按照中国古代风水法则，皇宫必须“面水背山”，万岁山以护城河泥堆成，既造了景，又出了水，一举两得。

二是，万岁山中峰，也即北京城的最高处，恰好位于元大都宫城最重要的建筑物——延春阁位置，牢牢压制住了前朝王气，让它永无翻身机会，所以又名“镇山”。

朝廷还在宫城四周开挖护城河，水面宽约 50 米，深约 4 米，宫内开挖金水河，使皇城进一步符合中国古代风水理念。但是，由于昌平地区被选为皇家祖陵，朝廷担心对水源的开挖会破坏“王气”，导致积水潭供水不足，水面缩小，进而让通惠河面临枯竭。另外，通惠河靠城墙一端被纳入城墙内，使得漕船无法再像过去那样直通积水潭。鼓楼周边十里荷花、仕女云集的美景暗淡了许多。明朝中期，蒙古骑兵多次南下骚扰，为了卫护皇城安全，朝廷本计划在永乐年间修筑的城墙外，整体加筑一圈外城垣，但因财力不济，最终只在崇文门、宣武门一线的南城墙外加筑了一道半包围的城墙，正中为永定门，东为左安门，西为右安门，形成了北京城墙“凸”字形轮廓。原来位于城外的天坛、山川坛也被纳入城内。享国 276 年后，改朝换代的节点再次到来。清军冲破山海关，成为新的统治者。

5. 清京师：帝国的回光返照

清代的北京，城市格局上最大的特点就是内满外汉——满人住内城，汉人居外城。所以内城修建了大量王公府邸，个个体量巨大，园林、厅堂富丽堂皇，主仆、妻妾行礼如仪。汉人主要居住于南城，文士官僚和平民布衣和平共处，厅堂府邸和江湖会馆鳞次栉比，大俗大雅兼收并蓄，形成了独特的“宣南文化”，是北京城的生活和休闲中心。

前门大街东有鲜鱼口，西有大栅栏，崇文门外有花市，宣武门外有菜市口，都是繁华街区，酒楼密布，招幌飘扬。各地特产、古玩玉器、绸缎估衣、钟表玩物，堆积如山，内城的达官贵人们经常来这里看戏购物。

造园，是帝王最喜欢做的事情之一。清廷在西郊进行了大规模水系整理，汇集了西山、香山、寿安山一带的清泉聚入瓮山泊（现昆明湖），一时间湖泊罗列，稻花飘香，恍若江南水乡。静宜园、清漪园、静明园、畅春园和圆明园如珍珠般撒在西山的郁郁苍苍中。

城内的水系也保持着生机。老舍先生在《四世同堂》里描绘德胜门一带的风光："（德胜）桥东一片荷塘，岸际围着青青的芦苇。几只白鹭，静静的立在绿荷丛中，幽美而残忍的，等候着劫夺来往的小鱼。北岸上一片绿瓦高阁，清摄政王的府邸，依旧存着天皇贵胄的尊严气象。一阵阵的南风，吹着岸上的垂杨，池中的绿盖，摇成一片无可分析的绿浪，香柔柔地震荡着诗意。"

清末民初时，虽然国力衰竭，但经过800年基业，北京已然成为一座虽有脏乱，却不失优雅、安宁，富有东方美感的人居名城。林语堂在《京华烟云》中赞道："在北京，人生活在文化之中，却同时又生活在大自然之内，城市生活集高度之舒适与园林生活之美，融合为一体，保存而未失……城内点缀着湖泊公园，城外环绕着清澈的玉泉河，远处有紫色的西山耸立于云端。天空的颜色也功劳不小。天空若不是那么晶莹深蓝，玉泉河的水就不会那么清澈翠绿，西山的山腰就不会有那么浓艳的淡紫。"

北京之美，成为北京人最深的乡愁。老舍先生在《想北平》中深情地怀念她："你问我喜欢北京的什么，我说不出来。也许是玉泉山的倒影，也许是什刹海雨后的一只蜻蜓，我就是说不出来。这就像是对母亲的喜爱，怎样爱？说不出。"

6. 新北京：凤凰涅槃

作为农耕社会的遗产，老北京的格局显然不适应工业社会的发展。中华人民共和国成立后，史称"梁陈方案"的"保留老北京，在西郊另建行政中心”的建议被否，开始了破旧立新的城市大改造：胡同改为休闲区，老工厂变身文创基地，CBD 拔高了天际线，外环路扩展了新城区，一座光鲜亮丽的现代化特大都市在 3000 年历史的厚土上浴火重生。

虽然“梁陈方案”已是一份永远不可能实施的文件，但对历史的省思，却是我们对未来的姿态。在重新审视了对美好生活的定义后，北京人逐渐懂得了如何珍视自己的城市记忆，回望自己留下的每一个脚印。如今，北京市政府复建了中轴线南端的永定门，恢复了这条长达 7.8 千米的中轴线的完整性，理顺了老北京的龙脉。从南城古老的城楼出发，沿着 800 年中轴线向北走，来到北端延长线上，一座如树枝包裹的椭圆形建筑平卧在奥林匹克森林公园边上，像一个孕育生命的巢。它的西侧是一座梦幻色彩的蓝色魔盒——“水立方”，正成为市民们的新乐园。

以最古老的城门楼作为起点，以最现代化的巢形建筑作为逗号，前方的蓝图还在继续描绘。

第二章 白浮活水出 一脉向东流

——北京河城共生

虽然地处华北，大漠南缘，但北京人喜水却是出名的，茶馆文化即是明证。不管是遛早儿归来的大爷，提笼架鸟的公子哥儿，还是商贾掮客，都喜欢在茶桌边闲谈、交际。城中但凡有水潭、湖面的地方，都是让人流连忘返的胜地。清朝时的西郊，更是引来西山诸泉，浇灌成“一水护田将绿绕，两山排闼送青来”的塞北江南，君臣平民都在这里感受到了亲水的乐趣。

> 北京北海公园　张进利 / 摄

北京的城市发展史，一半篇章是水利史。后三海、前三海、筒子河、金水河、菖蒲河、南北护城河……有的已在历史深处湮灭，有的至今陪伴着新北京的发展，轻快的水流让坚硬的城墙也增添了些许柔媚。

1. 白莲碧波浇灌中都

金天会五年（1127 年），女真人建立的金国攻下北宋都城汴梁（今河南开封）。作为当时东半球最富庶的都市，我们从《清明上河图》中还能领略到当年汴梁的风采，更不用说从东北欠发达地区崛起的女真人对这座大城的垂涎。金贞元元年（1153 年），金朝第四位皇帝完颜亮将国都从东北迁到金中都——燕京，要在华北复制中原那个舞榭歌台、丝竹萦耳的大梦，建城规制完全仿造了汴梁。

金中都是元大都、明清京城的前身，疏浚的水系如叶之经脉，直接影响了后世城市地理的发育。城西北侧的莲花池是金中都的水源，当时人称“西湖”，自北魏以来就是人文胜地，通过“洗马沟”把水引入城内，作为筑园、观景之水。

但在城东到通州地界，没有河道贯通。

金中都虽然军事地理优势显著，却跟富庶的中原相距甚远，那里才是帝国的粮仓。当时来自华北和中原的粮食先通过自然河道运到天津一带，再通过潞河（今京杭大运河北运河段）北上通州。通州到中都约 50 里地，没有直接河道可用，骡马驮运需耗时十余天，费时费力。金朝先后开凿了 3 条航道来解决这段陆路的运输问题。先是利用城北的高梁河水源，开凿中都北郊运河。西起今德胜门一带，向东延至温榆河。可惜高梁河仰赖地下水源，水量不足，难以维持稳定漕运，几年后放弃。金大定十一年（1171 年），改以城西的卢沟河（今永定河）为水源，引水入渠，名为金口河，向东延伸至通州。但卢沟河是季节性河流，冬春季水量少，河水含沙量大，易淤积，朝廷想了很多办法也不能解决，不得不放弃。金世宗无奈地自我安慰道：这条河要是成功了，南货运到京师，就不值钱了。

南方物产丰富，却找不到一条快捷的运输通道，只得奇货可居。如何解决这个难题，成为统治者的心病。

话说放弃卢沟河为漕河水源后，金世宗为改善陆路交通，下诏在卢沟河上建起一座大桥，约 4 年后落成。由于造型精美，这里成为著名的“卢沟晓月”景点。直到清朝康熙年间，大桥才被洪水冲毁。

城东水路堵塞，却没有扑灭统治者沟通南北的雄心。一边是粮仓，一边是都城，就像两块磁石，有天然的吸引，只差一根导管将它们相连。金泰和五年（1205 年），朝廷再次发力，征召劳役五六千人，引来玉泉山水与高梁河汇合，将城北的白莲潭（今积水潭附近）改成河道蓄水池，借用原先的金口河故道直达通州。从此，南方的航船第一次通过通州的潞河上溯京师，停泊到现今的积水潭水域，进而通过河道转运至城内。看到每年数十万石的漕运任务得以较快完成，金章宗大喜，把这条河赐名通济河，民间称之闸河。通州承接水陆两路的便利，逐渐发展成繁忙的漕运重镇。

可惜，白莲潭的碧波还是动力不足，十数年后，通济河再次出现堰塞，航行不便。等到蒙古兴起，金宣宗迁都汴京，通济河就逐渐荒废了。但百年之后，这条河道将续写新的传奇，那就是重新开挖的通惠河。

2. 元代“高铁”造就繁华

11 世纪以来，蒙古铁骑勃然兴起，四处攻城略地。蒙古至元八年（1271 年），大蒙古国末代可汗忽必烈改国号为元，第二年定都北京，名为“大都”。

历经多年战争，国力衰弱，如何将南方的经济中心跟北方的政治中心打通，下成一盘活棋，使帝国的税收、粮草、商贾、民生高效运转，是摆在这个初生帝国面前的首要任务。而且为了兴建元大都，国家的基建机器已经开通，将源源不断地把各地物料、人工输送到京师，南北“高铁”的修建迫在眉睫。

隋炀帝开凿的南北大运河，因北方连年战乱，黄淮泛滥，造成洛阳以北的河段纷纷淤积而作废。元朝统治者首先尝试水陆联运的方法，但运行过程中需要多次装卸，消耗大、效率低、费时费力，终放弃。此后，朝廷尝试过海河联运，即把粮食从江南向北通过河道运到山东省东北部的利津，由此进入渤海，最终到达直沽（今天津市区域），再水运到通州，通过陆路到达京师。此线路由于成本高昂，试行几年后也放弃。但是，对水陆线路的勘察，为将“人”字形的隋唐运河“拉直”为南北走向的京杭大运河打下了基础。

元至元二十三年（1286 年），朝廷尝试直接从江南宁波将粮食通过海运直达华北直沽，虽然单程需花费两月余，但运输量大，单位成本低，缺点是风险高，有时一次海难就淹死士兵上千人，损失粮食数十万石，断断续续运行了 20 多年终停止。

在多方尝试后，朝廷下定决心，利用原有水系，开通南北大运河。

一个星光熠熠的名字——郭守敬，就此跃上历史的舞台。作为中国古代著名水利专家和科学家，今天月球上的一座环形山和一颗太阳系小行星都以他的名字命名，可谓名垂星汉。

蒙古中统三年（1262 年），31 岁的郭守敬被元世祖忽必烈召见，面献了 6 条关于兴修全国水利的大计，其中一条就是引玉泉山泉水作为源头，疏通东至通州的漕河。

元至元十八年（1281 年），元灭南宋两年后，着手疏浚南北运河。元至元二十八年（1291 年），开通了济州河与台儿庄到临清的会通河，贯穿南北的大运河即将形成，只差“最后一公里”，就是通州到元大都的航道。

从辽到金，这条航道几次开凿都不能持久，最大问题是泥沙淤塞，能不能找到一脉稳定的活水作为水源，持续冲刷河道，才是百年大计。北京的地势东南低，西北高，所以在西北寻找水源，符合自然条件。郭守敬经过周密考察，发现大都北边的昌平地界分布着丰富的地下泉水，最终选取凤凰山麓的白浮泉作为漕河水源，从这里开凿引水道下行。为了增加水源，引水道呈弧形拐到西山，一路汇聚众多泉溪到达瓮山泊（今昆明湖水域）蓄势，再东南向穿过城内积水潭，出南水门，向东奔向通州注入潞河，然后接入京杭大运河北端。

忽必烈迅速批准了郭守敬的方案，下令立即操办，甚至命令丞相以下的官员也带上工具去工地干活儿。在皇帝的全力支持下，两万余民夫士卒参与施工，贯通京师到通州的新河道仅用了一年半时间就竣工，时在元至元三十年（1293 年）秋。

从此，大运河不需要向西绕道洛阳，拐一个弯再斜向华北，而

> 颐和园石舫　王玉坤 / 摄

是从杭州向北直达北京，将南北大运河的2700千米缩短为1800千米，以最短距离连接了富庶的江南和雄浑的塞北。满载绫罗锦缎、稻米茶叶、陶瓷器具的航船，从“人间天堂”杭州扬帆，“渔歌缥缈飞檐外，帆影参差玉浪中”，直达京师城墙内的积水潭，就像一条动脉，给帝国心脏送来源源不断的新鲜血液。

《元史·郭守敬传》记载，忽必烈从外地回到大都，“过积水潭，见舳舻敝水，大悦，名曰‘通惠河’”。作为新的漕运码头，积水潭周边一下子“火”了！杭州的暖风吹到北国的京城，带来清新、自由的工商业气息。

根据京杭大运河开通20多年后写成的《析津志》描述，积水潭水域阔大，帆樯如林，停满了从南方来的漕船，带来各种时兴的货物，是城中最大的贸易中心。水域北岸的街市，人烟辐辏，车马喧腾，歌台酒馆鳞次栉比，商业圈进而扩大到周边的钟鼓楼和东西两城的东、西市。

京杭漕运的开通，激发了元大都的活力，使之成为京杭大运河北端的明珠，发展成又一座比肩杭州、开封的繁华都市。

> 紫禁城中的水系

3. 运河上漂来的明皇城

时间到了明洪武年间，山河突变。朱元璋手下的大将徐达攻破元大都，“眼看他起朱楼，眼看他宴宾客，眼看他楼塌了”。元顺帝北遁草原，只留下一片荒凉的积水潭水，望着周围的断壁残垣无奈地叹气。数十年后，在权力斗争中获胜的明成祖朱棣将明朝的京师迁到北京，大运河作为帝国大动脉的作用再次得到空前发挥。

朱棣将北京当成他的“梦想大舞台”，都城的精美程度和占地面积比元大都更上一层楼。经过 14 年的精心施工，一个新的都市展现在世人面前。明永乐十七年（1419 年）底，他在新落成的太和殿接见了前来拜贺的波斯帖木儿帝国的使团，并且不无炫耀地邀请客人欣赏了庆祝新宫落成的典礼。

明皇宫和皇陵的一砖一石都来之不易，而且大多沿着京杭大运河从南方航运而来。例如，砖主要来自临清和苏州，金丝楠木开采于四川、云贵山区，其他生活必需品如酒、茶、丝绸、蔬果等，也多来自南方或中原。修建京师的能工巧匠们，如木匠、堆灰匠、雕花匠、叠山匠等，同样大多来自运河南部的苏州、无锡一带。他们背井离乡，扎根京城，在皇城的工地上挥洒血汗。其中的代表人物蒯祥，人称蒯鲁班，从永乐到成化，官至工部左侍郎。

可惜，明朝把通惠河城内故道纳入宫墙内，导致漕船再也无法直达积水潭码头，而是停泊在东便门外的大通桥，当年积水潭千樯云集的热闹景象一去不复返。到了明代中后期，白浮泉开始缺水，积水潭水域缩小，曾经生机勃勃的通惠河逐渐淤塞，从江南来的物产只能在通州卸下，改换小驳船，运至大通桥。明嘉靖六年（1527 年），朝廷对通惠河进行了一次大规模疏浚，漕船才又从通州直达京师。

4. 迎熏凝翠，马背民族的中原之梦

清朝的北京城是在明帝国的基础上翻建的，一些重要建筑得到

修缮并保存至今。清军入关后，绵延 3000 年的汉文化以其博大精深征服了统治者，文人的山水情结也贯穿在城市建设的始终。西郊玉泉山水系引来源头活水，得以重新疏浚，皇城之“肾”昆明湖水域阔大，城内外水系得以滋养，并成为朝廷训练水军的演兵场。京西阡陌纵横，灌溉便利，皇室还在这里开垦稻田，引进南方稻种，培育了“紫金箍”“玉堂稻”“京西稻”等优良品种。老北京民谣唱道：“京西稻米香，炊味人知晌，平餐勿须菜，可口又清香。”美轮美奂的“三山五园”——畅春园、圆明园、香山静宜园、玉泉山静明园、万寿山清漪园（后为颐和园）在康乾时期陆续建起，粉墙黛瓦，竹影兰香，成为东方园林美学的代表作。尤其是颐和园，模仿杭州西湖造景，万寿山山顶佛香阁仿建自杭州六和塔，位于“三山五园”中心，营造出一片人间乐境。

爱新觉罗・溥杰在《颐和园》中描写道：

一园竹树绕泉石，四季冬春夏复秋。
放棹只疑天上坐，凭栏真个画中游。
岚光叠翠巍云塔，湖影回廊漾梵楼。
合璧大圆横玉带，斜阳无语卧铜牛。

清朝对通惠河和京杭大运河一如既往地重视。特别是康熙帝一直把“三藩、河务、漕运”作为 3 件大事，据说还写成条幅挂在宫柱上作为警示。在平定三藩之乱后，河务漕运更是成为基本国策。“长河决口，黄金万斗”，帝制时代，漕运官员的腐败是根深蒂固的顽疾，

> 行进在什刹海前海的仿古船只

> 建立在通惠河畔的建外 SOHO

甚至成为一条完整的利益链。朝廷在对治河官员的任用上极其慎重，康熙帝6次南巡，检查、调整河务是重要目的。

清朝时的通惠河被称为大通河。作为源头活水的西山诸泉，经过昆明湖的蓄势，向东南流至京城西北，由此分为两支：一支向南，环绕城墙，成为护城河水脉；一支经过城北的德胜门汇入积水潭，再进入皇城，环绕紫禁城，经过正阳门往东，到达东便门外的大通桥，汇入大通河。大运河不仅带来了漕粮，更带来了精彩纷呈的各地文化，老北京的晨钟暮鼓中回响着运河的水声。湖广会馆、山东会馆、安徽会馆等承载着滞留京城的南人沉甸甸的乡愁；京腔、梆子腔、昆山腔、柳子腔在这里演绎悲欢离合；“骑河楼”“南河沿儿”“银闸儿”等地名散发着河水的腥味儿；

> 通惠河庆丰公园

海运仓、北新仓、南门仓、禄米仓等记载着皇家漕运的历史。

太平天国起义爆发后，江南产粮区陷入重灾区，京杭大运河南部漕运中断，大通河在朝廷勉力支撑下修修补补，保持了一定的航运能力。直到清光绪二十七年（1901 年），京津铁路通车，工业革命的成果迅速替代了农耕时代的产物，千年漕运历史就此终结。大

通河卸去了肩上沉重的漕运使命，成为单纯的泄洪、蓄水、观光之河。

5. 再出发，描绘亲水蓝图

清末民初以来，矗立在北京小平原上的 3000 年古建筑绝大部分走入历史深处，但大的水系尚存，浇灌着西郊和二环内的皇家园林。

> 通惠河畔国贸 CBD 夜景　杜凯 / 摄

作为中华人民共和国的首善之区和政治、文化中心，新北京在经济、人文、环境等方面多管齐下，崭新的城市拔地而起。

西郊的玉泉山、香山地区，大片稻田虽已不存，山水园林却是市民就近休闲、踏寻山野的好去处。这里还聚集着莘莘学子的灵气，成片高等学府、科技公司在皇家园林隔壁相伴而生。

鼓楼西的积水潭，水域已大大缩小，漕粮码头退守成小桥流水，

丝竹声声变成酒吧鼓点和喧嚣；什刹海的映日荷花依旧明艳，但河边箫声弦歌不再，云集的士女变成漫步的白领；由于实施了亮化工程，雕栏画柱后灯火通明，照亮了后海的水岸；北海公园的白塔，是孩子们童年最美的记忆，“让我们荡起双桨，小船儿推开波浪，海面倒映着美丽的白塔，四周环绕着绿树红墙……”

视角转向新北京的东侧，护城河已被填平，但通惠河成为政府着力打造的“运河文化带”重点区域，河水正在逐渐恢复清澈。原庆丰闸地段现在变成北京最昂贵的 CBD 商业核心区，这里的每一个决策，都可能搅动太平洋那边的股市。

沿着通惠河往东，是新北京的热土——通州。曾经，这里作为漕运进京前的中转站，只是一个歇脚蓄力的所在，因为过客的目标是京城。而今，北京市政府搬迁至此，建设的大幕已经徐徐拉开。

蜿蜒曲折的京杭大运河，将它的功业封藏在农业时代，而未来的蓝图，正由更先进的生产力进行描绘。

但是，河中的紫禁城倒影，却是京城永远的风景。

第三章 漕船进京天子笑 此去江南三千里

——北京大运河道

1. 白浮泉——北京的"母亲泉"

京杭大运河像一根线，穿起了粒粒明珠，京北的白浮泉，就是起始的一颗。

从北京市区出发，沿着京藏高速驱车40多千米，来到昌平区东南部。这里有龙山、凤山二山，其中龙山略小，高不过七八十米，又名龙泉山、凤凰山、白浮山等。白浮泉就出自龙山东北麓，从半山腰一块盆地的碎石间涌出。

《日下旧闻考》描述道："潭东有泉出乱石间，清湛可濯。"明清时美其

> 白浮泉遗址九龙池风光　马志江 / 摄

名曰“龙泉漱玉”，如珠玉落盘般美妙，为燕平八景之一。时人有诗赞道：“凭虚喷薄泻飞泉，矫矫翔龙出九渊。峭壁危崖愁绝倒，琼珠玉粒讶空悬。”

（1）龙王眷顾的泉眼

按龙山碑刻记载，山上本有3座庙——白衣庵、龙泉寺、峰顶的都龙王庙，山下还有戏楼。现戏楼、白衣庵都已不存，龙泉寺只余旧殿，殿基很高，还能感受到当年恢宏的气势。从南侧石阶拾级而上，就来到都龙王庙。名字前面加一个“都”字，大意是这座庙的龙王统率天下所有的龙，故叫“都龙王”。

山门是3间门楼，门前立着文保碑，对面是新修复的影壁，影壁下有一块圆孔石头，当年插着旗杆。

进得山门，迎面是正殿，黄色琉璃瓦覆顶，格局严整。大殿廊柱上的楹联气势十足：九江八河天水总汇，五湖四海饮水思源。只有这样“胸怀天下”的龙王，才能保佑这里水势源源不断吧，让白浮泉担得起大运河源头的重任。

从龙王庙往后山走，就来到白浮泉遗址——九龙池，当地人称九龙口。过去此处有一神龛，门楣上书“龙泉岛”三字。现竖立一间亭子，四角各卧一只石狮。

小亭朝东，水榭下横着一排九个龙头，泉水从龙口汩汩而出，形成一汪碧池。凉风习习，绿柳青松，仿佛养育着运河之源的灵气。著名历史地理学家侯仁之在研究北京运河史时，评价说：“与历史上之北京城息息相关者，首推白浮泉。”

过去这里地下水充沛。村民回忆说，当时的九龙池喷出的水能冲出一米多远，到了夏天，孩子们整天泡在水里玩。山下的村民喝水不用打井，随便挖个坑就有泉水冒出来，清甜甘洌。在哪里种地，就在旁边挖一个坑，灌溉就不用愁了。

在山民眼里，白浮泉就像自家炕头的孩子一样熟悉。直到一位老者的到来，点石成金，彻底改写了它的命运。他就是元朝著名水利专家和科学家郭守敬。

（2）清泉流出通惠河

元世祖忽必烈定都北京，即将展开建设的蓝图。但是京城用水和漕粮北运，却是亟待解决的大问题。忽必烈巨手一画，数十万劳役发动，原来呈“人”字形的南北大运河，不再绕道中原洛阳，而是从杭州直达通州张家湾。但大宗物资从通州到京城，却主要依靠车马驮运，动辄数十万石的漕粮和修建皇城的巨木石料，对崎岖的土路和逼仄的马车来说，是不堪忍受的重负。打通从通州到京城的水路，让漕船直抵京师，势在必行。

要想航道不被淤塞，最重要的是找到稳定的活水作为水源。永定河暴虐无常，难以掌控，大家不得不将目光投向房山、门头沟、石景山等地势较高的西郊山区。此时，郭守敬的引水方案脱颖而出。郭守敬自幼勤奋好学，并且有很强的动手能力，精通天文、算学。在踏遍京郊山水后，年过六旬的他拄着拐杖终于来到白浮泉边，一手舀起甘洌的泉水，不禁欣喜过望，这不正是引入京城的理想水源吗?

《元史·河渠志》记载了他给皇帝的陈述：“上自昌平县白浮村引神山泉西折而南，过双塔、榆河、一亩、玉泉诸水，经瓮山泊

> 大运河源头，白浮泉遗址公园

至西水门入都城……南汇为积水潭，东南出文明门，东至通州高丽庄入白河。”即引元大都西北 60 里开外的龙山白浮泉水，作为大都至通州河段的新水源。这一计划，在当时可谓大胆而精妙，皇帝被他说服，很快批准了奏章，并且下了一道特殊的命令：“丞相以下皆亲操畚锸倡工。”丞相以下的官儿都要扛起家伙上工地干活，一切听郭守敬安排。

不过，在实施过程中，碰到一个重大技术问题。如果泉水直奔东南京城方向，会遇到沙河和清河两道河谷，水流到这里后将无法南下流到地势较高的城内，因此只能西折，拐个大弯再到京城。但是大家知道，北京地势西高东低，水流向西，相当于逆流，怎么可能？这时，郭守敬早年治理黄河时的经验派上了用场。经过测量，白浮泉海拔约为 55 米，西南坡地平均海拔约 40 米，这就意味着，从白浮泉引水西行是可以的。《天府广记》载：“郭守敬所筑堰，起白浮村至青龙桥，延袤五十余里。”泉水沿着堤堰在元大都北部的山脚画出一道漂亮的弧线，直达瓮山泊，即今天的昆明湖水域。白浮泉水沿途汇聚了若干山泉，水量大增，让瓮山泊“大饱口福”。河水再向东南流入高梁河，注入积水潭。从积水潭东侧开河引水，向东南流，经金代闸河故道向东至通州，“全长一百六十四里又一百四步”，成为北京水利史上的杰作。此后，便有了千帆竞立的积水潭码头，24 级节水闸的通惠河。南来的漕粮直抵市中心，画舫云集，丝竹悦耳。

至今，北京老话中还有“先有后门桥，后有北京城”的说法。后门桥即万宁桥，是运河通向积水潭的入口。

（3）700 年后借道重生

到了明朝，白浮泉引水工程却逐渐湮灭，繁华不再，这是为什么呢？

明成祖朱棣选址昌平区天寿山修建皇陵，担心引水工程破坏皇陵风水，将之废弃。在绘制于清朝康熙年间的《运河全图》中，大运河从通州进京，其北端是京城西北的昆明湖。此时，白浮泉已不再行使京杭大运河北京段的水源功能，通惠河也屡遭壅塞，逐渐冷落下来。

近百年来，京北地下水源日趋紧张，白浮泉水量大为减少。龙山脚下上千亩水域、碧波荡漾的美景不再，成了一片干涸的洼地。龙山主体部分还被改建成度假村，脚下的水域修建了滨河公园。好在历史深处的白浮堰以另一种形态复活了。20 世纪 60 年代，为了保障京城供水，从密云水库引出一条河道进入京城，这就是京密引水渠。它的下游从白浮泉经阳坊、温泉到昆明湖一段渠道，约 35 千米，与 700 年前开挖的白浮堰走向基本一致，精密的现代水利工程证明了古人的智慧。从白浮泉遗址走下来，对面就是京密引水渠。一汪清水，绿树成荫，顺着水渠向西再向南，能一直走到昆明湖。今天北京人喝的每三杯水中，就有两杯来自这条渠。

2013 年，随着大运河申遗项目工作的开展，北京市实施了一系列保护和申遗准备工作，其中，白浮泉遗址升级为全国重点保护单位。一座约 400 公顷的白浮泉湿地公园开始营建，面积差不多是颐和园的 1.5 倍。以“一泉三庙一楼（龙泉漱玉、都龙王庙、龙泉禅寺、白衣庵、古戏楼）、两山两水两村（龙山与凤山、东沙河与白浮瓮

> 颐和园昆明湖美景

山河、白浮村和化庄村）”为中心的运河文化园区正在规划中。

白浮泉就像一颗被擦亮的珍珠，逐渐放射出曾被遮蔽的光芒。

2. 皇家风流颐和园

当年郭守敬引白浮泉之水作为通惠河水源，从京北龙山蜿蜒而出，一路汇聚西山诸泉流注瓮山泊，在这里稍息后，以更稳健的姿态向京城方向而去。因为肩负调节京城水量的重任，瓮山泊经过扩充疏浚，成为北京水利史上第一座水库，湖水可蓄可泄，可行船通航。这片湖泊，如今叫作昆明湖。一座美轮美奂的东方古典园林——颐和园，环湖而生。在清朝时，它是乾隆皇帝建造的人间天国。如今，它是世界文化遗产，被西方人称赞为瑰丽的“夏宫”。

（1）筑园前史

北京平原的西北侧，永定河故道旁有一座小山，是西山余脉，曾名金山。山前地势低洼，汇聚了玉泉山泉水形成沼泽湿地。金朝定都燕京后，曾在湖的周边修建行宫。元朝时，相传有人在山麓挖出一只刻有花纹的大石瓮，金山遂被命名为瓮山，金水河改称瓮山泊，俗称大泊湖。

金末元初，文人赵著的碑记对这里做了比较详细的描述：“燕城西北三十里有玉泉，自山而出，鸣若杂珮，色如素练，泓澄百顷，鉴形万象……山有观音阁，玉泉涌出，有玉泉二字刻于洞门。泉极甘洌，供奉御用。”

为了蓄积泉水，瓮山泊岸边兴建湖堤，碧水汇聚，西山倒映，绿云氤氲，草树烟霞，成为一方胜景。

> 颐和园佛香阁

元文宗时，在湖西北岸，瓮山西侧兴建了一座规模宏大的大承天护圣寺。达官贵胄，京城百姓，都喜欢来此踏青赏春。金阁高耸，帆影点点，名曰“耍西湖景”。明朝在原址兴建起另一座皇家寺庙——大功德寺，继承了元朝山水格局，并对周边水系进行了大规模整理，恢复了碧澄波涌的景色。时人形容为南海普陀，可见湖水之广。以功德寺为中心开垦了大片水田，荷香袭人，钟声隐隐。

明朝后期，财政吃紧，玉泉山一带逐渐寥落，但河溪淙淙，白鸥点点，更像避世的桃源，是文人怀古的吟咏之处。及至清初，风景依旧，乾隆还是皇子时就经常在这里游玩，写下许多诗篇，如《游西海》《西海捕鱼》等。

> 颐和园昆明湖上的十七孔桥　　杨烁 / 摄

> 颐和园昆明湖上的玉带桥　郗孟龙 / 摄

（2）文人皇帝的绝版园林

在乾隆继位以前，西郊一带已经建起 4 座大型皇家园林，从海淀绵延到香山。但中间的瓮山泊区域却显得格外空旷。清乾隆十五年（1750 年），颐和园的前身——清漪园，在乾隆皇帝的亲自指导下动工了。

乾隆取汉武帝在长安开凿昆明池操练水师的典故，将瓮山泊命名为昆明湖。为了给母后祝寿，瓮山改名万寿山。湖面向东、向北大大扩展，直抵万寿山南坡，挖出来的土方用来修葺山体造型。工程直到清乾隆二十九年（1764 年）才完工，耗白银 480 多万两。清漪园的兴建，使得从现清华园到香山形成一条绵延 20 千米的皇家园林长廊，仿佛点缀在盛世皇冠上的明珠。

乾隆一生 6 次南巡，对江南情有独钟，尤其不忘杭州西湖。因此在他的大手笔中，不遗余力地追求再现江南山水园林之美。选址时，就以重峦叠嶂的西山为远景，林木青葱的玉泉山及玉峰塔为中景，以园中之景为近景，形成移步易景的山水长卷。全园建筑群共 101 处，大多仿自江南名景，如谐趣园仿自无锡寄畅园，后市买卖街仿自苏州水街市，南湖岛望蟾阁仿自武昌黄鹤楼，佛香阁仿自六和塔……乾隆皇帝的江南梦在大开大合中得到充分展现。

颐和园规划秉承皇家园林的规制，采用“宫苑分置”方式，大致分为 3 个区域：以庄重威严的仁寿殿为代表的政治活动区，是皇帝处理政务、朝会大臣、接见使节的主要场所；以乐寿堂为主体，包括玉澜堂、宜芸馆和德和园等庭院为代表的生活区，是帝后的寝宫以及娱乐看戏的地方；以万寿山和昆明湖等组成的风景区，营造出“虽为人做，宛自天开”的野趣，供皇族大臣们游览观光。

可惜，清漪园于清咸丰十年（1860 年）被英法联军焚毁。光绪十四年（1888 年），慈禧太后挪用海军经费 3000 万两白银重建，改称颐和园。光绪二十六年（1900 年），颐和园又遭“八国联军”破坏，烧毁了许多珍贵建筑，光绪二十九年（1903 年）修复。民国时期，军阀混战，又遭破坏。中华人民共和国成立后，政府不断修缮，终于恢复成如今的景观，占地约 290 公顷，水面约占四分之三。

（3）无双风月昆明湖

在昆明湖泛舟，水波粼粼，清风拂面，西望玉峰宝塔，立于青山之上；北看佛香高阁，处于翠柏之间。桥、岛、殿、阁，倒映水中，

> 阳光下的颐和园长廊

湖光山色，美不胜收。乾隆皇帝非常得意于他的大作，吟诗赞道："何处燕山最畅情，无双风月属昆明。"

昆明湖总面积有3000亩之阔，比5个北京市内的北海还大。湖西筑了一道几乎与西湖苏堤一样的西堤，把昆明湖划分成里湖和外湖，又把水从西侧引向山后，山环水抱，符合中国古代风水学的格局。外湖加了一道支堤，分为两个部分，进一步丰富了湖面层次。

自秦汉以来，估计受秦始皇东海求仙的影响，皇家宫苑湖面常有"一池三山"形制，颐和园也不例外。湖区3个部分各有一岛，分别为南湖岛、藻鉴堂岛和治镜阁岛，象征神话中的蓬莱、方丈、瀛洲3座仙山，反映了帝王希求长生不老的普遍想法。其中，南湖岛风景最美，面积达16亩左右，岛上有涵虚堂、龙玉庙等建筑。涵虚堂前身即为望蟾阁，原有三层阁楼，登楼远眺，湖光山色尽收眼底，慈禧太后曾在此检阅水师。

颐和园里的桥种类繁多，造型各异，几乎囊括了中国古代的造桥艺术。由于多数是石桥，躲过了1860年的劫难，只有个别木桥焚毁，后来陆续进行了复建。

著名的十七孔桥横跨在南湖岛和东岸之间，如彩虹飞架。桥长150米，仿自著名的卢沟桥。桥体为青石，栏杆是汉白玉，栏柱上雕有神态各异、俏皮可爱的石狮544只，比卢沟桥还多。

每年冬至前后，落日余晖下，长桥还会出现奇妙的"金光穿洞"奇景，即所有桥洞都被金色的阳光穿透，在冰蓝色的湖面上闪闪发光，让长桥成为无数摄影师追捧的"网红"。

> 颐和园佛香亭

（4）凌霄宝殿亦如此

乾隆筑清漪园的一大目的是为母后祝寿，加上自己笃信佛教，所以园内处处充满佛教典故。佛像多达 15000 多尊，其他神像只有 35 尊。佛事活动也相当多，万寿山上长年香火缭绕。清乾隆十八年（1753 年）浴佛节，佛香阁尚未完工，乾隆帝便前往大报恩延寿寺礼佛。待到寺庙建成后，乾隆帝更会时不时前来焚香顶礼。

万寿山前山是一大片佛教主题建筑群，从山脚的“云辉玉宇”牌楼，经排云门、二宫门、排云殿、德辉殿、佛香阁，直至山顶的智慧海佛殿，形成一条层层上升的中轴线。

佛香阁是颐和园的标志性建筑，仿杭州六和塔，矗立在前山高约 20 米的方形台基上。它南面昆明湖，背靠智慧海，为全园建筑布局的中心。两翼建筑群严整而对称地徐徐展开，形成众星捧月之势。登临此阁，周围数十里景色尽收眼底。山之葱茏，水之澄碧，令人荡气舒怀。

“智慧海”本意为赞扬佛的智慧如海，居于万寿山中峰之巅，全殿没有用一根木料，均以砖石砌成，并且没有枋檩承重，所以被称为“无梁殿”。又因殿内供奉了无量寿佛，所以也称“无量殿”。外表以精美的黄、绿两色琉璃瓦覆盖，色彩鲜艳，富丽堂皇。尤为壮观的是，外壁上镶嵌着千余个琉璃佛龛，里面安放着雕刻细腻的琉璃小佛像。

山前中心部位的排云殿是颐和园最为壮观的建筑群，名字取自晋代郭璞《游仙诗》：“神仙排云山，但见金银台。”原身是大报恩延寿寺。慈禧日常就居住在这座云雾缭绕的仙山琼阁中，过生日时也在这里接受群臣祝寿。

万寿山南麓，昆明湖北岸的彩色长廊全长 728 米，是中国园林最长的游廊，1992 年被认定为世界最长的长廊，列入“吉尼斯世界纪录”。它东起乐寿堂的邀月门，穿过排云门，直达万寿山西端的石章亭，穿花拂柳，连殿通阁，像一条锦带把前山各组建筑连为一体。在长廊中看山赏水，景随步移，变化万千。两侧对称点缀着留佳、寄澜、秋水、清遥 4 座八角重檐亭，象征春夏秋冬四季。

尤为精彩的是，廊内有一幅包罗万象的风情画卷。自邀月门内第一幅彩画“西湖全景”起，凡迎面横梁上前后皆绘有不同的西湖风景。廊内外枋上千余幅半圆形画面描绘着山水、花鸟、人物等，远至三皇五帝，下及清朝王公大臣，跨越 5000 年之久。欣赏这 14000 多幅绚丽斑斓的苏式彩画，如同翻阅一部沧海桑田的历史画卷，因而长廊又有画廊的美称。

颐和园东边的东宫门现在是公园正门，这里当年是皇帝安排政务活动和生活起居的地方，包括仁寿殿、南北朝房、寝宫、大戏台、庭院等。宫门上的“颐和园”3 个大字是光绪皇帝御笔。

仁寿殿为政治活动区的中心建筑，原名勤政殿，慈禧太后和光绪帝曾在此朝会大臣、接见使节。殿前陈设的铜质龙、凤、鼎等，庄严肃穆，纹饰精美。举办朝会时，檀香会从龙凤的口中袅袅升起。中国古代习惯龙居中，凤靠边。但慈禧掌权后，将龙凤位置颠倒，凤在上，龙在下，以显示她的权威。

慈禧嗜好京剧，仁寿殿西北的德和园就是专为看戏修建的建筑群。据统计，慈禧在这里看戏达 260 多场次。园内的大戏楼是中国目前保存最完整、规模最大的古戏楼。慈禧很懂戏，兴之所至，还会跟着演员哼唱几句，甚至粉墨登场，演个角色。当年红极一时的京剧演员谭鑫培及杨小楼都曾在这里献技。大戏楼共3层，称福、禄、寿三台。第一层是乐队演奏的乐池，上面两台是演出舞台。戏台顶板有天井，台底有地井，便于表现神仙下凡、雪花飘落、鬼怪从地下钻出等情节。地板下安置了水缸，起聚音和共鸣作用，还设有翻板和高压水机等机关，可以制造出氛围特效，不亚于现在的都市剧院。

万寿山后的建筑较少，林木葱茏，清幽恬静，营造出山林野趣，与前山的富丽堂皇形成鲜明对比。这里的建筑群分成藏传佛教和水乡街市两大类别，各有妙趣。四大部洲在万寿山后山中部，占地2万余平方米，因山顺势，就地起阁。香岩宗印之阁象征佛教世界中心弥勒山，四周是象征佛教世界的四大部洲和八小部洲。东南、西南、东北、西北还有代表佛经“四智”的红、白、黑、绿4座喇嘛塔，塔上有13层环状“相轮”，代表佛经“十三天”。

后湖中段两岸，是乾隆时模仿江南沿河市肆而修建的“买卖街”，全长300多米，设有60多处店铺。南北货琳琅满目，每当皇帝游幸时就开始“营业”，店员都由太监、宫女装扮，营造出一派与民同乐的盛世景象。可惜，这数十处店铺于1860年被列强焚毁，现在的景观为1986年重修。当年莺声燕语的后宫佳丽，已经被熙熙攘攘的游人所取代。

作为皇家园林的代表，颐和园疏中有密、浓淡相间、动静交错。在历经朝代更迭、时空嬗变后，这片高阁、平湖、秀峦、塔影，已经成为中国古代营造山水的绝唱。

> 绣漪桥，昆明湖和长河的界桥，设计和建造都十分讲究　高玮 / 摄

> 慈寿寺路段的长河。长河全长 30 多里，原是历代京城的引水河道，它从西山山麓通过昆明湖，至海淀麦庄桥，折向东南，到西直门注入北护城河，再东流至德胜门入“水关”，进积水潭

3. 长河：大运河里的西山倒影

晚年时，慈禧喜欢住在颐和园，一辈子的尔虞我诈、战乱频仍让这位精力旺盛的老太太身心疲惫，颐和园的那汪好水成了她的最爱。从大内宫城到西郊园林，必得配备一条专用御道。慈禧使用的这条御道虽然不是八车道大马路，但雍容雅致，清净幽深，恰如天河降临人间。这就是起自颐和园昆明湖最南端的绣漪桥，止于西直门外高梁桥的长河。

慈禧总是乘轿从西安门行至西直门，在这里的倚虹堂码头找个行宫稍坐会儿，再登上金碧辉煌的画舫，在一路八旗官兵护卫下，停停歇歇，到了半路上的广源闸，一般会上岸到边上的万寿寺拈几炷香，在御座房用点茶歇，再登上码头，一路欣赏绿柳扶风，丹楼珠塔，在鸟鸣花落中来到颐和园。每到春夏之交，长河两岸桃红柳绿，好似一幅如诗画卷。踏青的人群络绎不绝，留下“天坛观松，长河看柳”的佳话。

这条长河曾经是北京城的重要生命线，往大了说，它是元明清三代通惠河的上游，凭着它的供水，通惠河道保持畅通，江南漕粮物资能够通过水运直达京城；往小了说，京师的内外护城河、皇家园林都靠它引来西山活水，它是连接北京内城与西山风景带的生态走廊。河道自昆明湖到广源闸，主要为人工开挖，从广源闸至西直门外高梁桥，系由天然河道整治而成。

这条河曾经有过多个名字：最早可追溯到金代的闸河；元代时称为高梁河；明代称玉河，取玉泉山水之意；清朝时改称长河。

（1）金代跻身“贵族”水系

对长河的利用，可以推溯至东汉末年公元 3 世纪。曹魏在此大兴水利，广植水稻。从西郊石景山向东开挖了一条车箱渠，横贯蓟城之北，沟通了永定河和潞河，这是迄今发现的北京地区最早的大规模水利工程。车箱渠中段河道借用了发源于紫竹院地下泉水的高梁河，节约了工程量。

真正让长河变身为京城“贵族”水系的，是建立金朝的女真人。13 世纪初，金章宗决定引西山泉水作为大运河漕运水源，从金水河（今昆明湖）引水经紫竹院湖到白莲潭（今积水潭区域）。据历史地理学家侯仁之教授考证，万寿寺区域的海淀台地海拔比昆明湖水面高几米，如果想将昆明湖水导进城里，必须在万寿寺前部开凿一条河道，让河水绕过海淀台地，这就是如今紫竹院以西的长河河段。而从紫竹院往东的河段，主要借助于高梁河道疏浚拓宽而成。高梁河已有数千年历史，掐指一算，长河与北京城的“岁数”不分伯仲。

元代，郭守敬引昌平界内的白浮泉水至瓮山泊，并疏通长河河道，建成广源闸、白石闸、高梁闸，长河从此跻身京杭大运河的华丽家族：上连瓮山泊，下接运河的终点码头积水潭。元朝廷还在紫竹院湖畔的广源闸修建码头，用以停泊龙舟。《元史・文宗本纪》载：（至顺）三年三月乙未，“以帝师泛舟于西山高梁河，调卫士三百挽舟。”

明朝迁都北京后，把皇陵选到昌平，从此，白浮泉水源被废，以玉泉山水作为长河水源。在通惠河的终点码头由城内积水潭改道东便门外的大通桥后，长河不再承担灌溉通惠河的功能，成为供人休闲娱乐的游览带。沿岸寺观不断兴起，香火鼎盛，红墙碧瓦，酒旗掩映，半城烟火半城仙。

长河看柳、高梁桥踏青，成为多年沿袭下来的京城民俗。明人对这一带风景有如下描述："出西直门，过高梁桥，杨柳夹道，带以清溪，流水澄澈，洞见沙石，蕴藻萦蔓，鬣走带牵，小鱼尾游，翕忽跳达，亘流背林，禅刹相接，绿叶浓郁，下复朱户，寂静无人，鸟鸣花落。"

（2）清朝荣升"御道"

作为皇家水利工程，长河在康乾年间迎来了又一个春天。

清康熙二十三年（1684 年），康熙南巡归来后启建畅春园，把它作为自己的离宫，经常往返于京城皇宫和西郊御园之间。长河，成为皇室专用的水上御道。清乾隆十五年（1750 年），为庆祝母亲孝圣皇太后六十大寿，乾隆动用数百万两白银在瓮山泊周边兴建清漪园（今颐和园），湖边楼台林立，湖中帆影点点，犹如杭州西湖"北漂"到了京城。乾隆去西郊偏爱水路，舟行碧波上，人在画中游，估计勾起了他数次下江南的美好回忆吧。

清乾隆十六年（1751 年），朝廷设立"长河工程处"进行全面治理。筑坝开闸，浇灌稻田。沿途还陆续修建了倚虹堂、乐善园、正觉寺、紫竹院、万寿寺、麦庄桥等行宫码头和园林寺庙。乾隆处心积虑的营造为长河带来了最辉煌、最有魅力的时期。《燕京岁时记》记载："万寿寺在西直门外五六里，门临长河，乃皇太后祝厘之所。每至四月，自初一日起，开庙半月。游人甚多，绿女红男，联蹁道路。柳风麦浪，涤荡襟怀，殊有天朗气清、惠风和畅之致。"

作为御道，安全保卫设施必不可少。长河沿岸平均一里多地即有一座驻着旗兵的堆拨房（相当于如今的警务室），可保安全无虞。另外，每遇皇帝乘船前去清漪园，还要从圆明园护军营中抽调三四百名八旗官兵，在绣漪桥和长春桥之间的长河两岸接送圣驾，确保龙舟安全。

康乾整治后，长河水位深达三尺，底气十足地从德胜门水关流进积水潭，然后兵分三路大摇大摆进入皇城，日夜不歇，与北京融为一体。光绪年间，长河水道上出现最多的就是慈禧的身影，所以又被称为“慈禧水道”。慈禧去颐和园，随船的还有光绪皇帝、皇后、珍妃及阿哥、格格等。水道上“十里青山行画里，双飞白鸟似江南”的秀美景色仅供皇亲国戚欣赏，百姓严禁在此围观、打鱼、行船。

（3）还河于民

民国初年，袁世凯也曾计划疏浚长河，谁想皇椅还没坐热，就一命呜呼。长河治理成了烂尾工程，湮灭在此后的战乱中。1938 年编纂的《北平市志稿》描述当时的景象：西直门外迤北里许，跨玉河一石桥，建于明初，一说建于元代至元二十九年（1292 年），为往西北香山等处孔道。玉泉山诸水汇流至此，转入护城河。桥西有倚虹堂，乾隆时建。南岸有船坞，清慈禧后常于此乘船幸颐和园。是处亦平民消夏胜地，垂柳成荫，稻田、荷池一望无际。入暑后，蝉鸣柳荫，不让江南风景。

经历漫长的等待后，1966 年京密引水渠的竣工，使长河获得新生。丰沛的水流从密云水库顺山势而下，经京密引水渠注入昆明湖，从东南角流出后，借用南长河 3 千米长的河道，于长春桥处与南长河分离后继续南流注入玉渊潭。整治后的长河，在绣漪桥下迎来密云的水浪，现代水利技术的发展，让它再也不用担心水源枯竭的危险。不过，在湖上泛舟的主人不再是皇室贵族，而是平民百姓。

1999 年 7 月，按照“水清、岸绿、流畅、通航”的标准，长河进行了新一轮治理，实现了昆明湖至玉渊潭、昆明湖至北展后湖的通航。万寿寺和广源闸也在这次改造中进行了修缮。那些历朝旧事、故都传说仿佛在清澈水花中翻腾的鱼儿，吸引了一拨又一拨中外游客。

（4）广源闸：长河第一闸

郭守敬在通惠河河道上设闸 11 处，广源闸是上游头闸，建于长河中段，兼具调水和码头功能，位于今天的海淀紫竹院公园西侧，南长河河道之上，桥上有广源闸路通过。它最早为金代旧闸，于元至元二十六年（1289 年）重修，比白浮泉的开凿还要早 3 年，也比高梁桥大 3 岁，算得上水利工程中的“老资格”。

广源闸为闸桥混合体，据记载，过去开闸时，水流涌动如同小瀑布，颇为壮观。清人有一首《玉河记游诗》：“细水才如涧，涛奔怒不流。虹梁收别墅，雪瀑溅高秋。”写的是广源闸观水，诗中“虹梁”即广源闸桥。站在闸上，可远眺西山，尽收长河上游之景。有史书给广源闸盖了个特大的“帽儿”，说它汇天下之百泉，是“天下第一闸”。

明朝开挖长河时，广源闸继续得到利用，成为设坞藏舟、过闸换船的理想之所。明万历年间的蒋一葵《长安客话》云：“出真觉寺循河五里，玉虹偃卧，界以朱栏，为广源闸……缘溪杂植槐柳，合抱交柯，云覆溪上，为龙舟所驻。”

乾隆年间，闸西侧的万寿寺被誉为“小宁寿宫”，香火旺盛。闸北有龙王庙，南有关帝庙，东有紫竹禅院、延庆寺，热闹非凡。皇帝常在万寿寺行宫下榻，等待下闸阻拦水流，调高闸西水面，此

> 北京万寿寺寺门

> 北京万寿寺内景

后便可转乘龙舟，以逆水拉纤的方式赴京西园林避暑。为了维护水闸正常运行，桥边设专人看守。清代至民国时期，管闸人员住在广源闸北岸 3 间房内，时称“闸丁房”。如今桥边的居民还依稀记得，小时候闸边有座“乌龟”驮着的石碑，上面刻着历代看闸人的名字。那时的广源闸还是木桥，闸门是块很大的木板，可以上下抽动。

1999 年，北京市政府重整长河，废去闸板，使两边河水再无高低之分，船只畅通无阻。又在其南侧拓挖河道，新开一孔桥洞以通航，旧闸道不再使用，作为文物保护起来。老桥洞的东西石壁上还保存着两个汉白玉镇水兽，龇牙瞪眼，前爪隆起，鬓毛纹路清晰可见。

（5）敕建万寿寺　京西小故宫

海淀区西三环北路紫竹桥向北不远处，起伏的水泥森林掩映着一处宏伟的朱红色寺庙。山门石匾上书“敕建护国万寿寺”，为清顺治帝御赐，告诉人们这不是普通的庙宇，而是皇家寺院。

万寿寺集佛寺、行宫、园林为一体，乾隆皇帝曾 3 次在这里为母后祝寿，慈禧来往颐和园时也会在此拈香礼佛，并在西跨院行宫茶歇，故有“小宁寿宫”之称（宁寿宫是康熙皇帝在紫禁城东部给皇太后建造的内宫，也是乾隆皇帝为自己退位后准备的太上皇宫殿）。万寿寺早在明朝万历年间就已建成，乾隆年间先后两次进行大规模修葺，光绪初年毁于火灾，清光绪二十年（1894 年）重修。20 世纪 20 年代以来，寺庙荒芜寥落，直到 1987 年，北京市政府在寺内设立北京艺术博物馆，才逐渐恢复生机。1994 年，万寿寺修葺一新，重新对外开放。穿过朱墙白窗的山门便是天王殿，殿前左钟楼、右鼓楼，明朝时的永乐大钟曾悬挂于此。再向北依次为大雄宝殿、万寿阁和讲经说法的大禅堂。大禅堂后假山叠石，象征佛教名山普陀、峨眉。山后两株古银杏虬干沧桑，枝叶高耸。其后御碑亭、无量寿佛殿、千佛阁错落有致。苍松翠柏，清幽肃穆。无量佛殿两侧原有西洋门楼两座，建于清乾隆年间，与圆明园西洋楼同龄，是当年时兴的中西结合风格的产物，可惜现已不存。寺内西路是行宫部分，前部有 4 个小院落，中间夹道一分为二。左为寿膳房，右为寿茶房，其后是供皇帝、太后驻跸的行宫。殿后两侧有爬山游廊，通过小亭到后楼。相传，慈禧曾在此梳妆，故称梳妆楼。再后有大悲殿及配殿，院中有一井亭，据传是为皇帝讲经之所。

（6）沿途行宫　帝后歇脚

既然是御道，长河沿岸便需要兴建一些供皇帝歇息的“行宫”。

今天的北京动物园西北部坐落着清廷建造的最后一座长河行宫——畅观楼，也是北京保存最完好的皇家欧式建筑。它于清光绪三十四年（1908 年）初建成，由法国建筑师设计。这是慈禧和光绪帝生命中的最后一年，四月、九月，两人均曾来此小憩。畅观楼周围环水，绿树掩映。楼南数十米处有一白石小桥，名南熏桥。桥南侧东有铜狮，西有麒麟，都能喷水。清宣统元年（1909 年），《顺天时报》刊登的一篇游记描写道：“东边的铜狮，由狮口内向下喷水，水线万道；西边的麒麟脑袋向上，作回顾状，却由口内向上喷水，激射力大，如同巨泉，水声悦耳。两者的下边，各有一长方形池，池内有金鱼数尾，池水被喷水冲滴如同活水一般。”

畅观楼内的陈设以西式为主。西边二层东西室内，各有一铜床，帐褥为黄色，为慈禧、光绪帝休息之处。当年慈禧在三层平台上一

> 北京动物园畅观楼春日美景　宋晓峰 / 摄

边享用茶点，一边观看长河绿柳，大概没有想到两年之后的清宣统三年（1911 年），这里就变成了对普通百姓开放的景点吧，票价不过每人 200 钱。

民国初年，畅观楼成为孙中山等政治要人的活动场所。中华人民共和国成立后，一度作为国家领导人迎宾之用。改革开放后，作为国家重点文物，重新向公众开放。

除了畅观楼之外，高梁桥西长河北岸的行宫——倚虹堂，是皇帝往来于颐和园和紫禁城中途的落脚点。光绪年间，慈禧每次都是从这里下轿登舟，踏上水路。倚虹堂坐西朝东，宫门五楹，紧临长河码头。岸那边是船坞，用来存放龙舟和冰橇。可惜，民国初年，该船坞被政府拆卖。如今，倚虹堂原址已变成长河岸边的一块绿地，但有一棵千年古槐仍长势旺盛。据说，当年慈禧在倚虹堂用餐时，见这棵树好似展翅欲飞的蝴蝶，便称其为蝴蝶槐，这个名字流传至今。

长河行宫中，还有一处美景至今氤氲着北京，这里幽篁百品，翠竿累万，类似蜀南竹海，又如武侠小说里的“翠筠烟雨”。这就是西三环北路内侧的紫竹院公园，因园内有明清时期的庙宇“紫竹院”而得名。清朝时，由于西边的广源闸水位有高差，所以皇帝、太后要在紫竹院行宫码头下船，先在紫竹院进香，然后乘轿辇到广源闸西侧万寿寺码头，登船继续前行。据考证，早在唐朝时，这里就建有小庙，与聚瑟寺（万寿寺）隔岸相望。据说当时供奉着观世音菩萨，而菩萨居住的地方是中国佛教四大名山之一的普陀山紫竹林，所以时人称此处为紫竹院。清初顺治年间，大臣王熙曾作过一首名为《紫竹院》的诗：“紫竹禅关迥，虚亭老树前。

槛低花影静，林密鸟声传。钟梵闲清昼，池塘遍野泉。夕阳楼影下，归骑破春烟。”

清光绪二十六年（1900年），八国联军洗劫紫竹院，历经战乱，到北平和平解放时仅留下报恩楼、前殿、山门区和东西跨院的部分房屋，其余建筑荡然无存。1953年开始，这里进行了挖湖堆山、修闸筑路等工程，定名紫竹院公园并对外开放。南长河、双紫渠穿园而过，园中有大小湖泊3个，2座小岛，5座拱桥把湖、岛、岸连在一起，亭廊轩馆，错落有致。

20世纪70年代，公园从南方移植来各类竹子，至今已有50多种，遍布园内，形成大小70多处竹林。2009年，启动福荫紫竹院的修复工程，御码头遗迹、二宫门、报恩楼等得到了发掘和保护。

（7）高梁桥：长河第一桥

沿着长河从紫竹院公园往东到北京动物园、北京展览馆后湖行走，只见水泥岸换作土岸，河道弯弯曲曲，两边草木幽深，恍若置身江南水乡的感觉。这段长河借用了古高梁河的故道，如今是北京海淀区与西城区的界河，称为北滨河。

高梁桥就建在高梁河上游，坐落于海淀区西直门外偏北半里左右。为了保护古桥，左右各建一座钢筋水泥公路桥，古桥被挪出干道，落寞地躺在一边。周边高楼林立，不远处的城铁日夜轰鸣。

高梁桥原是一座闸桥合一的三孔拱桥，建于元至元二十九年（1292年），位于元大都和义门北，是郭守敬通惠河引水工程上的重要节点。清代时改建为单孔拱券石桥，桥西南有船坞，桥西北有倚虹堂，是皇帝前往西郊园林的水道起点。

因处于交通要道，高梁桥周边逐渐发展成休闲踏青的景点，白桥跨碧水，绿荫藏酒肆，明清时达到鼎盛。时人赞道：“高梁河水碧湾还，半入春城半绕山。风柳易斜摇酒幔，岸花不断接禅关。”这里也是市民走出西直门，去往西北郊的主要通道，是城区与乡村的分水岭，过了桥便是一片田园村舍。

万历年间，著名文人袁宏道在京师任职期间，喜欢到高梁桥边踏青游玩，还留下一篇美文《游高梁桥记》。游记写道：柳枝刚刚抽芽，西山隐没在淡淡的雾岚中，水与河堤齐平，两岸乐声不断。盘腿坐在树根上，以茶当酒，树影和水波都像在劝人们畅饮。不知不觉恍惚起来，仿佛鱼在天上飞，鸟在水里游，人来人往，都像戏中人……一幅士大夫在长河边优游的闲适景象跃然纸上。

清朝时，在巍峨的西直门城楼上远眺高梁桥，桥下，飞燕逐清波；桥上，车马如穿梭。出城、进城必由此经过，仿佛燕山脚下的“清明上河图”。王公大臣、平民百姓，都喜欢来此散步，有提笼架鸟的、钓鱼纳凉的、席地高卧的、饮酒品茗的，一派怡然自乐，这种景象一直延续到民国时期。

中华人民共和国成立后，在北京城大规模改造前，桥南是城区边缘北下关，桥北向西是美丽的田野。这里承载着不少老北京美好的童年回忆：沿着长河向西走，经过北京展览馆后湖、动物园后身、五塔寺、白石桥、紫竹院、广源闸、万寿寺、麦庄桥、长春桥、蓝靛厂，就能来到颐和园南岸，可以钓鱼、游泳、捕蜻蜓、逮蛐蛐儿、挖野菜、摘苇叶、写生……不知不觉就夕阳西下。霞光万道中，大家一路欢声笑语走回家。

4. 阅尽繁华积水潭

在郭守敬引白浮泉水作为通惠河源头的700年后，时移世易，北京城内的通惠河道已经像断了线的珍珠，好在留下了一处处亲水美景。后海，就是如今北京市的一张旅游名片，中外游客络绎不绝，行行柳树环绕粼粼波光，一面是沉淀着千百年历史的湖水，一面是雕梁画栋的王侯宅邸，条条胡同向人烟深处蔓延，富贵与世俗、优雅和市井混搭，正是雍容闲适的老北京气象。

（1）金人始建白莲潭

在人流如织的后海景区西北，德胜门内大街西侧，还有一方僻静的水域，淹没在喧闹的市声后几乎不被人注意。这就是积水潭，又称西海，跟后海仅以一条窄水相连。这里更被人熟知的是地铁站和医院，但有几个人知道，在这车水马龙的脚下，钢筋水泥的高架桥边，曾经是一大块水波潋滟、舟楫密布的湖泊？

元朝时，中国的南北大动脉——京杭大运河的北端码头就设在这里，相当于“京杭高铁”始发站，起自苏杭的万千漕船到达京城后在此搬运卸货。那么，积水潭地理位置到底在哪儿？真的是因为积水才这么叫的吗？

其实，古今积水潭的范围不一样。元朝时，积水潭囊括了今天什刹海景区的前海、后海、西海这3个湖面和北二环外被填平的大片水域；今天，北京地图上的积水潭已经萎缩到积水潭医院后面的一小块湖面。

这中间经历了怎样的变迁呢？

很久以前，古永定河从西部燕山余脉发源，东流到北京小平原，

> 位于积水潭桥西北角的“潭西胜境”景区一派醉人春色，引得不少游人驻足赏景拍照
宋晓峰 / 摄

在这里南北漫流，行踪不定，在北京平原留下一条条故道，所以又被称作无定河。永定河故道高梁河水系的大片水潭，汇集周边泉溪后，在如今的积水潭区域形成一连串大小不等的湖泊，呈弓形从西北伸向东南再转向西南。辽金时期，名为白莲潭。12 世纪初，金朝先灭辽后灭北宋。贞元元年（1153 年），金朝第四位皇帝完颜亮将国都迁到金中都（今北京）。作为汉文化的忠实“粉丝”之一，他早就被北宋首都汴梁的富丽繁华所折服，于是大兴土木，欲将那个“梦想之城”搬到北方。

建城先找水。金中都以城西莲花池水系作为宫廷苑林的主要水源，在此建设了皇家园林同乐园。而东北郊的白莲潭，天光云影，富有山林野趣，正是修建皇家别苑的绝佳所在。朝廷拓宽水面，在湖边营造了太宁离宫，湖心以浚湖之土堆积成岛，名琼华岛，这就是今天北海公园的前身。

金泰和五年（1205 年），金章宗决心打通南北漕运，以白莲潭作为蓄水库，引水直达通州，称为闸河。并在山东、河北等地整修河渠，来自南方的漕船经过艰难跋涉，第

> 北二环积水潭桥下车水马龙的繁华景象

一次直达帝京城外，举世闻名的京杭大运河露出轮廓。

（2）见证元朝盛世

享国 120 年后，金国在南宋和元的南北夹击下覆亡，金中都迎来了新主人。蒙古至元元年（1264 年），忽必烈委派光禄大夫刘秉忠领衔首都的选址规划，在金中都东北方向筑起四方城垣，这就是元大都。安静地躺在蒲苇柳行中的白莲潭即将迎来属于它的盛世。

据专家考证，元大都的北城墙约在今北土城路南侧，东西城墙分别在今东西二环附近，南城墙在长安街南侧。当时，白莲潭湖面宽阔，水量充足，湖岸青翠一片，水鸟翔集。刘秉忠创造性地将白莲潭囊入城中，在四四方方如铁箍般坚硬的都城中留下一汪灵性的活水，显著优化了城内的自然环境，让皇城成为宜居的风水佳地。白莲潭又被一截为二，南段的金代离宫太宁宫水域被划入皇城内，称为太液池，即今天的北海、中海（南海为明朝时人工开挖）；北段水域称为积水潭，包括今天什刹海地区的前海、后海、西海。朝廷还在积水潭东北岸建了中心阁，即今天的鼓楼位置，以此作为都城中心，由此划定南北中轴线。《元史·河渠志》载："海子一名积水潭，聚西北诸泉之水，流行入都城而汇于此，汪洋如海，都人因名焉。"蒙古人把草原上的大湖称作"海子"，可见当时积水潭水面之辽阔。关于它名字的由来，据说原称鸡狮潭，因为积水潭汇通祠后墙外有一块大石，石头上天然呈现出一鸡一狮的纹理，传说为陨石所化。因此鸡狮石周围的水域便称鸡狮潭或鸡石池，元代修通运河后，便谐音为"积水潭"了。

元大都成为国家政治中心后，防务建设、皇室开销、居民生活

> 北京什刹海夜景　安立琨 / 摄

等都急需庞大的漕粮物资补给。由于长期战争，北方农村凋敝、生产衰落，难以满足大都需要，皇帝不得不重度依赖江浙粮仓，从此南粮北运，舟车不息，成为帝国东部大地上不息的风景。忽必烈通过缀连旧河道、开挖新河道，打通了从杭州到通州的大运河道。又采纳了郭守敬的治水规划，将京北白浮泉水引到京西瓮山泊（今昆明湖），修长河通过城西水门引入城内积水潭。在此蓄积后，引河道向东南，沿皇城根东侧转向南，经南水门出大都城直达通州，忽必烈将此河道命名为通惠河。这项工程结束后，从江南出发，载着大宗货物的漕船可以直接驶入帝都城内，停泊在积水潭。于是，这里成为南北通商的大港，水深浪阔，樯帆蔽日。元人黄文仲在《大都赋》中描述积水潭盛景："扬波之橹，多于东溟之鱼；驰风之樯，繁于南山之笋。"商人士子、官宦平民们在此上岸后，自然在周边流连。加上川陕富豪、吴楚大贾把这里变成销金窟，各种商铺货栈应声而起。米市、面市、鹅鸭市、皮帽市、珠子市、铁器市等一应俱全，还有酒楼茶馆，莺歌燕舞。据考证，元朝主管全国水利的最高机构都水监也设在积水潭东岸万宁桥附近。

由于被皇城围住的太液池只许皇家独享，皇宫外只有积水潭这一处大面积湖区，荷花映日，渔舟唱晚，鸥鹭翻飞，西山倒映，自然成为居民游玩的胜地。加之积水潭南靠皇宫，有"天上广寒宫阙近"的尊贵之感，更加提升了这片地块的"含金量"。最有意思的是，积水潭那会儿还有大象洗澡。元朝时，东南亚地区的暹罗、缅甸进贡大象作为宫廷仪仗之用。皇帝出巡，也常乘象舆。每逢夏伏，驯养员就会带领大象到积水潭沐浴。大象如倾倒的小山站在水里，喷出阵阵水花，两岸观者如云。元朝沟通四海的气象可见一斑。

（3）布衣贵胄于此同乐

明灭元后，京师的北城墙南移至今天的安定门、德胜门一线，积水潭的一部分水域被隔在城外（即以后的太平湖，中华人民共和国成立后被填平）。德胜门内建起德胜桥，桥西北部分水面称为积水潭，桥东部分称什刹海。后又建成银锭桥，将什刹海水面分成两部分，桥西北称后海，桥东南称前海。据推测，什刹海的名字来源于湖边建于明代的什刹海寺。

由于屋宇相连，人们站在北京城内不容易看到郊外西山。唯独站在银锭桥上，引颈西望，一片辽阔，可充分领略西山的绰约丰姿，向南还可见到景山和琼岛白塔，这就是燕京小八景之一的“银锭观山”。但是，京城东城墙相对于元大都时期东移，使原来东城墙墙根下南北走向的通惠河被圈入城内，城内河道不再通航，积水潭水域被切断了跟通惠河的联系。京杭大运河北端码头转到东便门外的大通桥，由江南运来的物资在此卸载后通过驳船运到朝阳门，再由大车、骆驼或人力车等运至京城各处。繁华热闹的积水潭码头消失了。城内通惠河故道有的被填平造地，有的逐渐淤塞。雪上加霜的是，由于明皇陵建在城北，怕整修水利破坏“王气”，白浮诸泉水量逐渐减少，积水潭的水量不再丰沛。漕船变成了游船，积水潭变得旖旎、清秀起来。少了码头，却多了一个后花园。王公贵族们纷纷在这里筑起园林别墅，著名的有太师圃、镜园、漫园、湜园、杨园等。

（4）绝版亲水地段　北京旅游名片

清朝时期的什刹海地区为正黄旗驻地，因临近皇城，环境优美而成为修建王府的首选之地，例如康熙时大学士明珠的府邸（后改为摄政王府花园）、醇亲王府、恭王府，等等。北京城的商圈南移到前门、东四、西四一带，什刹海更多地凭借特殊的地理和人文优势吸引文人雅士的光临。乾隆时期，权臣和珅在前海西岸大建豪宅，并在前海中修建了一条南北向略呈“S”形的大堤，取名和公堤，东侧为前海，西侧名为西小海。

每逢七月十五日中元节，积水潭有放莲花灯做盂兰会的习俗。《京都游览志》描写道：“中元夜，寺僧于净业湖边放水灯，杂入莲花中，游人没水嬉为盂兰会，梵呗钟鼓，杂以宴欢，达旦不已，水中花炮，

> 冬季在后海湖面滑冰的民众

有凫雁龟鱼诸种。”从 1950 年开始，政府进行了全面治理，疏通上游河道，恢复供水。百年臭泥，一掘而尽。

德胜门外的大片湖水经过疏浚，命名为太平湖，与护城河仅一堤之隔，有近 500 亩水面，芦苇成行，蛙声一片，人称“太平观荷”。由于临近北京电影制片厂，电影《水上春秋》《柳堡的故事》等一些著名故事片均在此取景，电影《无名岛》更在这湖面上拍摄“海上炸艇”等海战场面。

这片水域是著名作家老舍钟爱的地方。他曾到过世界上许多名城，但独爱北京。而北京，他又最爱积水潭。他说：“面向着积水潭，背后是城墙，坐在石上看水中的小蝌蚪或苇叶上的嫩蜻蜓，我可以快乐地坐一天，心中完全安适，无所求也无可怕，像小儿安睡在摇篮里……”文中的水面就是太平湖。1971 年，太平湖在修环城地铁时被填平，新街口外大街的北护城河段也因无水灌注而失去排水泄洪的功能。

改革开放前几十年间，什刹海积水潭是京城难得的僻静所在。夏天，人们在这里消暑纳凉，蝉鸣悦耳，天蓝水清。西海成了露天游泳场，树荫下有穿白大褂的大妈推着卖冰棍的小车，白棉被盖着大雪糕，车边始终围着仨俩小孩。冬天则成为天然溜冰场，孩子们坐上“冰床”，一人挽行，湖面洒满欢笑。年轻人也喜欢在这里聚会。电视剧《梦开始的地方》里，女主人公一边滑向冰场，一边洋洋得意地说着：“五湖的碧波，四海的水，比不上什刹海的冰场美。”

改革开放后，什刹海成为政府着力打造的历史文化风景区，部分景观得以恢复，青砖院墙，朱漆门檐，绿水环绕，虽不能再现四方骚客吟风弄月的气象，仍可见“荷叶露穿破，酒旗风送低”的美景，犹如在京城文化大观园里闲庭信步。

汇通祠在西海北沿重建，并改为郭守敬纪念馆，这位杰出科学家的塑像在柳荫下望着他一手打造的白莲潭发生着沧桑巨变。

2005 年动工的北护城河综合治理工程部分再现了消失的太平湖景观，河底加高，护坡放缓，河道拓宽，形成面积万余平方米的湖面。湖中种植了荷花、睡莲、菖蒲等水生植物，还修建了人工小瀑布，给四周的水泥森林增加了一分野趣。

不知不觉间，一间间酒吧在后海两岸悄然生长，这里成了白领

> 穿过北京中心城区的通惠河　余明 / 摄

休闲聚会的好去处。后来又兴起四合院民宿、私房菜等，以文化发展商业，引领着北京旅游行业的发展。从西海走到后海，再到前海，可徒步、骑车，或坐三轮车。内有静谧老街，外有曲院荷风。半部中国近代史在路边次第展开，宅院瓦当上依稀映照着历朝历代的刀光剑影。

夜晚的后海，魅力更增一分。豪气万丈的王府纷纷被黑夜的丝绒笼罩，酒吧里华灯初上，音乐和丝竹声四散飘来，淹没了白日的喧闹。歌声烛影里，仿佛看到了那些绝代芳华。

5. 通惠河：一水脉脉向通州

今天的北京市民开车出行，每逢长安街堵车，常常会拐上一条从市区到通州的快速路——通惠河北路。而跟这条路伴行的通惠河，在过去 700 年间，也是从京城去往通州最省时省力的直达通道。

傍晚时分，从地铁国贸站出来，南行上千米，便能看到庆丰公园，这是过去通惠河上著名的庆丰闸所在地。在此西望，元大都时积水潭帆樯蔽云的盛景，明朝大通桥漕粮来往的忙碌，以至清朝、民国时“二闸泛舟”的闲适，在三环路的喧嚣和河水的低沉中一幕幕浮现出来。

（1）源头活水出京师

从白浮泉到通州，遗迹尚存的泉眼、河道、闸桥、祠堂、园林、仓库，构成了千里大运河北京段的肌理，浓墨重彩地书写着北京城的历史。而通惠河就是这宏伟的画卷上的第一笔。它由十泉、二湖、五河段组成：十泉是指上游的约十处水源，二湖是瓮山泊和积水潭，五河段包括瓮山泊上游的白浮堰渠、瓮山泊至紫竹院的长河、紫竹院至积水潭的高梁河、城中的玉河和大通桥至通州张家湾的河段。元至元二十八年（1291年），南自杭州，北至通州的大运河基本贯通，源源不断的物资从南方“漂”到通州。元至元二十九年（1292年），郭守敬受命进行通惠河的开挖疏浚，第二年秋天完工，打通了通州至皇城的最后40里“瓶颈”。当年的漕粮运输每年少则200万石，多则四五百万石，通惠河立下了汗马功劳，堪称京杭大运河的龙头。

元朝的通惠河，水量充足，从白浮泉发源，输入瓮山泊，再从和义门（原址在今西直门处）入城至积水潭，东折向南，过文明门（在今崇文门北，为南水门），经三里河，过大通桥，至通州高丽庄（今张家湾镇大高力庄）入潞河，进入大运河北端，总长约80千米。通惠河修成后，积水潭码头一时百舸云集，在其南岸专门辟出一个丰储坊作为仓储。沿岸灯红酒绿，夜夜笙歌。元代黄文仲写过《大都赋》形容元大都商业之盛：“华区锦市，聚四海之珍异，歌棚舞榭，造九州之秾芬。”

北京地区的地势为西高东低，从京城到通州，海拔相差数十米，如此大的地势落差，逆水行舟是很困难的。为了解决这个问题，每隔一段距离就建有一座船闸。运粮船每进一道闸门后就要关闸蓄水，等水位升至与上闸水位相平时，再前行进入上一闸。到明朝后期，东便门到北运河段的通惠河上，每10里建一座石制船闸，共有5座：大通桥闸，也称头闸；庆丰闸，又称二闸；平津上闸，又称高碑店闸；平津下闸，又称花园闸；普济闸。每闸还分为上闸和下闸。

> 横跨在通惠河上的通州大桥夜景

为了管理船闸，专门设有闸官、役夫等。其中守闸人的岗位尤其重要，不但是个力气活儿，也需要技术经验。平时水流和缓时，要判断水量，决定闸板搁在闸槽里的高度；雨季时要观察汛情，当洪水来临时，确保及时提闸，有时水急浪大，甚至要钻到水里顶着风浪徒手操作，一不小心就会被洪水卷走。

（2）柳岸渔舟　燕北秦淮

可惜，通惠河漕运的黄金年华也就几十年光景。到明朝时白浮泉水已经衰弱，加上城墙改造，通惠河的一部分被圈入城内，东便门外的大通桥成为漕运终点。漕粮百货由此卸下，转为驳船运输到朝阳门，再装车送到城内各处。城内的通惠河段不再通航，纳入皇城水系，与内外金水河、筒子河等合流后成为景观河道，改名玉河，也称御河。

明清时期，通惠河是京师生命线，东便门外的大通桥码头就是这条线上最重要的节点。它东连通惠河，向北是东护城河，向南是外城护城河，正西是前三门护城河，高梁河水从玉泉山到西直门后分成3路，分头来到东便门后一起汇入通惠河。北京城的生活用水和雨季洪水，大部分通过这里经通惠河、北运河入海。

大通桥还是重要的客运码头，南来北往的旅人从这里或直接进城，或乘船南下，留下了很多离别的诗篇。《红楼梦》第三回中，林黛玉就是在大通桥码头上岸，开始她的京都生活。

东便门外的蟠桃宫庙会，也是一大盛景。为庆祝传说中王母娘娘的寿辰，每年三月初一至初三都会举办。清末唐晏所著的《天咫偶闻》中这样描绘："春波泻绿，软土铺红；百戏竞陈，大堤入曲；

衣香人影，摇飏春风，凡三里余。”民国年间，庙会依然兴旺。此时正是一年中最舒服的季节，杨柳抽芽，春风拂面，呼朋唤友，一边踏青，一边观赏文武百戏，是城中乐事。有趣的是，这里还出产著名的北京鸭。老北京养鸭基地大多沿护城河分布，老话儿讲“大通桥的鸭子——分帮分派”，就是形容这里的鸭子房数量多、规模巨。老北京能大饱口福，得感谢这里的村民们。

东便门外的大通桥人称头闸，顺流而下数里路有第二道闸，简称二闸，即庆丰闸。河面开阔，鱼虾满潭，柳树成行，荷花遍植，庙宇点缀其间，是消暑纳凉的好去处。从东便门坐船游览，每人不过大洋一角，船上有艺人唱曲说书，阔人会包一条船，自带歌伎优伶。船到二闸，饭馆、茶馆、小铺甚多，可以预订，也可以自带厨役，相当接地气。还有舞狮、高跷、唱大鼓、说评书、唱二黄等各种表演，宛若燕京秦淮。清代一首竹枝词写道：“乘舟二闸欲幽探，食小鱼汤味亦甘。最是往东楼上好，桅樯烟雨似江南。”听着都觉得惬意极了。

据说曹雪芹在往返于京城时，常跟好友来到庆丰闸南的“望东楼”饮酒赋诗，或在闸旁的一棵槐树下闲坐品茗。此槐树至今仍然繁茂如盖，被称为文槐。

二闸还是观水胜地，开闸时巨浪排空，如小瀑布般飞珠溅玉，似狂飙卷起千堆雪，这在不见潮汐的北京可谓奇观。民国时期北平有一首儿歌唱道：“劳您驾，道您乏，明儿个请您逛二闸。”许多老北京人对生活在这里的童年时光念念不忘。

继续往东，就到了高碑店闸，当地人称老闸窝。每到端午、中

> CBD 区域灯火辉煌的高楼与宁静的通惠河相映生辉　王萌 / 摄

> 依河而建、灯火通明的住宅区　杜凯 / 摄

秋、正月十五，闸边会举办庙会。十里八乡的人们聚到这里，或祭祀庆典，或购买各类南货，有丝绸、棉纺、干果、糕点、珍珠等各类北方看不到的玩意儿，给乱世中的小民带来乐趣。

（3）卸下漕运的重负

风云变幻，在大地延续了 2000 多年的帝制在清末走入死循环，内忧外患，击碎了运河静谧的波光。这些太平景象成为帝国斜阳下的温暖。

1860 年第二次鸦片战争，英法联军自大沽口登陆，进军通州，直逼京师。9 月 21 日清晨，在通州城以西约八里路的永通桥（俗名八里桥），驻防清军与侵略军展开攻防战。一方训练有素，装备精良；一方操着简陋的冷兵器和火枪，战术落后。战至午时，清朝上万男儿几乎全军覆没，史称“八里桥之战”。清光绪二十六年（1900 年），义和团与八国联军又在此地展开激烈战斗，仍以溃败告终。这段耻辱的历史，也一直镌刻在通惠河的记忆深处。

光绪末年，因现代海运和铁路兴起，漕运日衰。清光绪二十七年（1901 年），不

> 热闹非凡的 CBD 区域　杜凯 / 摄

再收征漕粮而改为银钞，京杭大运河 600 多年来南粮北运的历史使命就此完结，通惠河也寥落下来。城内的玉河逐渐断水，被改为暗渠，最终填埋。玉河故道上建起胡同，住上了居民。

（4）闸畔耸起 CBD

时光荏苒，1949 年后，新的城市建设开始了。为改善泄洪排水状况，对通惠河进行了多次疏浚治理。数百年来左冲右突的洪水被彻底驯服，河道宽阔笔直，水面平缓舒展，成为京城东部最大的排水动脉。

原先的“五闸”中，唯有平津闸上还留有两块元朝时期的花岗岩跳闸板。如今伴随它的是一座元代码头遗址公园，还复建了龙王庙和将军庙。用以泄洪储水的高碑店水库早在 20 世纪 50 年代末就已建成，新闸桥在水库大坝上安然而立，还兴建了一座现代化的大型污水处理厂。可惜的是，东便门外的大通桥在 1966 年修建地铁时被拆除。原址新建了漕运码头公园，通过浮雕等向游客展现当年老北京漕运东便门段的热闹景象，散置的条石上模拟着水纹的肌理，就像凝固的历史。

位于东三环通惠桥东的二闸周边也发生了翻天覆地的变化，变身为现代化的国际商务区。高楼鳞次栉比，汽车往来如梭，立交桥

> 大运河畔通州城区　余明 / 摄

纵横交错，如盘旋的水泥巨龙。原闸桥处新建了彩虹桥，再塑了镇水石兽，纪念碑墙上的“庆丰闸遗址”5 个大字非常醒目。偶尔能看到有心人在这里寻古探幽，怀想当年的风流，领略新北京的建设速度。

在玉河消失几十年后的 1998 年，平安大街施工过程中，工人们在东吉祥胡同北口发现了古代城砖砌筑的河堤。很快，文物专家对这处遗址进行了保护性挖掘，出土了作为玉河存在重要证据的镇水

> 通州运河文化广场牌楼

兽。2007 年，玉河改造工程正式立项。6 年后，自什刹海前海东端出水口起，至平安大街一段约 500 米长的河段重见天日；2014 年，玉河整治二期工程开始，在平安大街南侧至东板桥的这 600 米河段发掘出了有重要历史价值的澄清下闸，老河堤恢复了部分旧时风光，街边的居民重新享受到了活水的清灵。

如果从北河沿起，经正义路口、台基厂二条，再南拐船板胡同骑行，有几人知道自己是在运河故道上行走呢？就是跟老北京打探道儿，问起某闸某闸，他们的脸上也只剩下莫名的惊诧吧。

6. 通州：万里南来第一船

沿着京通高速路东行，到八里桥收费站处，可以看到路北有一座古桥，即八里桥，也称永通桥。过了桥，通惠河就进入通州段。2014 年大运河申遗成功，北京段涵盖 4 处遗产点，通惠河通州段就是其中之一，长约 5 千米，西起永通桥，东至通州通惠河与北运河交叉口。

元朝时，通惠河从永通桥向南转入张家湾进入北运河。明嘉靖七年（1528 年）重修，改为沿着金代闸河故道，东行经过通州城北门外北关闸汇入潞河（北运河）。各类码头随之北移，通州城区更加繁华。“扬波之橹，多于东溟之鱼；驰风之樯，繁于南山之笋”，即为当年的写照。800 年来，通州一直是漕运及仓储重地，享有“一京（北京）、二卫（天津）、三通州”之称。

民间还有一副有趣的对联，曾经难倒不少才子，也是用来形容通州的。上联为“南通州，北通州，南北通州通南北”，下联为“东

> 通州运河岸上的建筑　陆龙 / 摄

当铺，西当铺，东西当铺当东西”，“南通州”为长江入海口的江苏南通，一南一北，正处于帝国东部的南北交通大动脉上。

（1）千帆竞渡盖京华

通州地界在秦朝时隶属渔阳郡，西汉时正式设县，始称路县，东汉时改称潞县。金灭辽后，改置燕京路析津府。金海陵王完颜亮即位后，将首都从东北迁至燕京。为保证漕粮物资供给，海陵王开凿了从京城东至通州一带的运粮河，并在潞县设州。因是漕河北端终点，取漕运畅通之意，名为通州。

初建时，“编篱为城”，可见尚简陋。明初为了防备元朝残部侵袭，在潞河以西兴建了新城，“甃以砖石，周围九里十三步，高四丈四尺”。

> 通州运河公园漕运码头牌楼　白洁 / 摄

漕運

> 通州三教庙；背后为通州的标志性建筑——燃灯舍利塔 陆龙 / 摄

四周各设门楼，东门为“通运”，意为城东的运河漕运；西门为“朝天”，意为面向天子居住的地方；南门为“迎薰”，意为迎接南来的和风；北门为“凝翠”，意为北边是郁郁葱葱的平原。从城门名字就可以看出通州城地理位置的重要。后来又经数次扩建，到清乾隆年间形成最终规模。

作为水陆都会和运河码头，水之韵、帆之影、塔之风成为通州最广为人知的印象。旧时有“通州八景”，其中与运河有关的就有6处，为长桥映月、柳荫龙舟、二水汇流、波分凤沼、古塔凌云、万舟骈集，连起来就是一幅安宁悠远的风情画卷。元明清三代，“百司庶府之繁，卫士编氓之众，无不仰给于江南。”大运河是“输血”的大动脉，而通惠河就是直达心脏的那段。整船整船的粮食、丝绸、盐铁、砖木等自江南远道而来，囤积在通州码头，再装卸、换乘，进入通惠河直抵京师。极盛时期，每年过往船只达3万多艘，装卸货物无数，仅粮食一项最多可达600多万担，计10亿多斤。明代在通州建4座粮仓，到了清代仍沿用中、西二仓，每当漕粮上坝，船帆桅杆绵延数十里。

＞燃灯舍利塔(简称燃灯塔)是“通州八景”之一，位于北京市通州区北端运河西岸，有极高的艺术价值，也是通州的象征

> 建于明正统十一年（1446 年）的八里桥（永通桥）

元代翰林学士贡奎从徽州北上任职时，经过通州，正是万物苏醒、冰河解冻的时候。诗人望着朝阳下的波光塔影，呼吸着雨过天晴的清新空气，顿感意气昂扬，挥毫写下《二月二达通州》．“河冰初解水如天，万里南来第一船。彻夜好风吹晓霁，举头红日五云边。”清乾隆四十五年（1780 年），朝鲜派出为乾隆皇帝拜贺七十寿辰的使团，

成员朴趾源在通州城东门外渡河时对千帆竞渡、百舸争流的景象仰慕不已，形容“舟楫之胜可敌长城之雄”。《燕行录》中记载了另一位朝鲜使臣对通惠河沿线的第一手描述：“盖天下漕运之船，云集江边，百官颁禄自此中辨出。而春夏之间，帆樯如束，连续十余里。”从八里桥开始，“此路左右，第宅相望，朱门粉壁，照耀人眼”。

> 八里桥上形态各异的石狮子　陈燕华 / 摄

乾隆皇帝几度南巡，都借助大运河往返。一年秋高气爽时，龙舟率着金描彩绘的船队，满河堆金砌玉，威风凛凛。皇帝于通州眼望运河两岸，天高云淡，一片天下太平、仓廪富足的景象，不禁龙心大悦，吟道："白云红树通州道，麦垄禾场九月秋。好景沿途吟不了，幽风图画望中收。"

（2）一支塔影认通州

漫步在通州运河两岸，历史遗存不时映入眼帘。皇木厂、中仓、斗子营、江米房、北果子市等见证了昔日漕运的辉煌；燃灯塔、三教庙、大光楼、京东第一驿、八里桥等，则是通州的历史符号。

通州城区北部的大运河畔，矗立着一座高大挺拔的古塔，这就是通州的标志性建筑——燃灯舍利塔，因内供燃灯佛而得名。它是北京地区最高的古塔，也是三千里运河上游第一塔。清咸丰年间进士王维珍的《古塔凌云》，就是燃灯塔作为通州象征的写照："云光水色潞河秋，满径槐花感旧游。无恙蒲帆新雨后，一支塔影认通州。"千百年来，在京杭大运河上漂泊了数月的舟客，一旦过了直沽，再行几日，终于看到翠烟中浮现出一支峭立的塔尖，就知道通州到了，京师就在前面，自然百感交集，赶紧揽纸写信，向家人报去平安。燃灯塔始建于北周时期，距今已有1300多年。清康熙十八年（1679年）地震，塔身倾圮，发现一颗佛牙与数百粒舍利，重修时放归塔中，故称为燃灯舍利塔。塔为砖木结构，高约49米，八角十三层，塔基为莲花形须弥座，周身嵌满精美细腻的砖雕。塔身各角雕有佛像，形态各异。椽端均悬挂精致铜铃一个，共2232个，每个外壁刻有善男信女的姓名。塔身十三层西北瓦面还生有一株榆树，树龄逾200年，高达数米，鏖风斗旱，顽强生存，堪称奇观，前些年为了保护塔身，被移植到塔下湖畔。

（3）水陆咽喉永通桥

永通桥因东距通州治所约八里路，俗称八里桥。它横跨通惠河，远望如长虹卧波，月轮堕水，故有"长桥映月"之称，是京东入城咽喉，

> 张家湾通运桥

与京西卢沟桥、京北朝宗桥、京东南宏仁桥（又叫马驹桥）合称“拱卫京师四大桥”。

永通桥最初是一座木桥，因通惠河上下游落差较大，河水湍急，常将木桥冲毁，明英宗时期改建为石桥，并在桥边修建了河神庙和牌楼。明代国子监祭酒李时勉撰有《敕建永通桥碑记》：“通州在京城之东，六合之上。凡四方万国贡赋由水道以达京城者，必荟于此，实国家之要冲也。”碑文对八里桥的建造缘由、过程做了详细记述。

“敕建”二字表明此桥大有来头，是在皇帝的过问下兴建的，而且是御赐桥名，是京东运输干线上的重要关口。

清朝时，来华拜谒的朝鲜使臣在日记中多次记载永通桥，称之“宏敞延袤，非他桥可比”。使臣徐长辅描述道：“天下漕船皆萃于此，桥南数米立石，而题其面曰：漕船停泊处。”现存桥身南北走向，长约50米，宽约16米，中间桥洞特高，是两边桥洞高度的两倍有余。这是专为方便漕运所做的设计，因为运粮船多为帆船，遇到常规拱

> 张家湾通运桥和新修复的古城墙南门　林海 / 摄

桥，到桥下势必要落帆再扬帆，徒增人力。将中孔建造得高耸宽阔，漕船可直出直入，故有“八里桥不落桅”之说。

永通桥具有重要的历史价值，清咸丰十年（1860 年）九月，英法联军自天津向北京逼近，自通州郭家坟分三路向永通桥一带猛扑。八旗军队在僧格林沁率领下，在永通桥上浴血奋战，用大刀长矛、血肉之躯英勇阻击，可惜很快被击溃。侵略军一路向西，长驱直入，在京城大肆劫掠，辉煌的皇家园林圆明园就是在此次劫难中被焚毁。至今，古桥护栏上还留有当年弹火的遗迹。

（4）皇家物资中转站

遍布皇家建筑的北京城，其 3 项主要建筑材料——木、砖、石，多产自黄河以南，全部由京杭大运河运到通州，再转运北京使用。建筑宫殿的木材主要来自川、赣、湘、鄂等山区，顺水漂到通州张家湾上岸存储，工部在此设有木材厂用以存放木料，称作皇木厂，今张家湾镇皇木厂村即因此得名。

明万历年间来华传教的意大利教士利玛窦所写的《利玛窦中国札记》里，描述了他看到的运输木头的景象：首尾相接的木排蜿蜒两三公里，有的从遥远的四川启程，得两三年才能运送到京师。上千劳工拉着满载木材的船，吃力地在两岸跋涉，有时遇到难行的山路，一天只能行走十几里。砖、石也有专门的存放处。今通州区梨园镇砖厂村南边的大运河故道上，曾设有一座码头，称中码头。明永乐年间，自苏、皖、鲁诸省烧制的城砖、金砖（皇家建筑用砖），在此码头卸船上岸，工部设有砖厂负责验收、保护、转运，形成村落后即以砖厂命名。皇城的石料非常讲究，不但要选上好的原料，还要剖薄，打磨抛光，露出天然花纹，称为花板石，在张家湾镇，同样有花板石厂。

通惠河与北运河的交汇处设有规模宏大的码头，专门停泊皇家龙船的码头称为黄船坞。《钦定日下旧闻考》记载："通州城北五里有黄船埠，河水潆洄，官柳荫映。永乐中设黄船千艘，以其半轮往江南织造，俗名黄船坞。""半轮往江南织造"是什么意思呢？江浙织造是明清时期主要为皇帝搜罗丝绸、珍宝等奢侈品的机构，又称江南织造。物品聚齐后，以"黄船"运至京师。当时经过此地的朝鲜使臣也在日记中有记载："龙船一只泊在江浒，悬金牌于船头，书'上用水殿'四字。窗户玲珑，涂以云母。"

黄船坞周围"官柳荫映"，说明这里的柳树是官家栽种的。在中国古代，达官贵人、文人雅士有折柳送别的习俗，驿站、旅店、桥边、码头常遍植柳树。

可以想象，和风舒畅的天气，蓝天白云倒映碧波，黄色琉璃瓦的龙舟遮蔽在婆娑多姿的柳荫里，是一幅多么美丽的风景画。所以"柳荫龙舟"成为"通州八景"之一。清代通州知州王维珍也有"柳堤飞絮白满天，低荫龙舟景缆牵"的诗句。

（5）张家湾：漕运上岸第一镇

通州城外的张家湾、里二泗等村镇都是因漕运而繁荣起来的运河码头。张家湾位于今通州区中部，北运河西侧，凉水河、玉带河、萧太后河汇合处。此处湾流宽阔而深，两岸土质较硬，是天然良港。元代郭守敬开挖通惠河至张家湾高丽庄与北运河汇流，使张家湾码头成为水陆交通要会，繁盛一时，号称"先有张家湾，后有通州城"。

> 夜以继日建设中的北京副中心

还有一首船工号子唱道："通州城，好大的船。燃灯宝塔做桅杆。钟鼓楼的舱，玉带河的缆，铁锚落在张家湾。"

明朝时，供应北京的漕粮近一半存放在这里的粮仓。明朝中后期，

蒙古军队频频南下，为了保卫国库，防止蒙古军队切断运河生命线，嘉靖年间在张家湾修建了城池。据记载，城随河岸地势而建，周长约3千米，城墙高约6米，厚3米多，全部用大城砖包砌。城内有大型粮仓若干，守军四五百人。城中有3条路直通北京。跟当地的老人闲聊，他们会自豪地回忆："我们这里的人，过去喝的是玉泉山的水。"据说张家湾还是曹雪芹家族故地。在这里漫步，间或能看到留有曹氏烙印的遗迹，如曹家当铺、馒头庵、葫芦庙（据说是《红楼梦》第一回中的葫芦庙原型）等。张家湾古城已消失不见，如今只剩一段新修的城墙，一座写着"南门"的新门，还有一座保存尚好的古桥——运通桥。

运通桥地处张家湾城南门外，原名萧太后桥。辽代时，萧太后主持开挖的自燕京至张家湾的运粮河（即萧太后河）经过张家湾，

> 北京城市副中心的建设者　杜智广 / 摄

＞北京城市副中心商务中心工地，几名身上沾满涂料的工人从商务中心巨幅规划图旁走过，他们是真正的绘图人

为方便通行，架设了这座木桥。后因行人车辆频繁，木桥不堪重负，到明朝万历年间改为石桥，名为运通桥。

现存桥体基本保持着明代初建时的面貌，长约 43 米，宽约 10 米，三券桥拱。由于历经岁月，风化严重，有不同程度的损坏，青石桥面上车辙累累，石块间杂草丛生。桥两侧石板护栏上刻有荷叶宝瓶，笔画清晰洗练，风格清秀。桥两侧有 18 根望柱，顶部雕刻着精美石狮，雌雄相间，气韵生动，颇具大明遗风。

（6）腾飞中的首都副中心

通州因河而兴，因河而盛，21 世纪的今天又升格成为共和国首都副中心，成为新的北京市政府所在地。“以水定城、以水定地、以水定人、以水定产”，营造水城共融的生态景观，成为新城建设的理念。

伴随城市建设的加速，通州古城核心区、张家湾古城、漷县古城、路县故城等运河古迹正在被逐一“唤醒”，京杭大运河通州—香河—武清段有望实现复航。在规划中的新城商务区，大运河、温榆河、通惠河、运潮减河、小中河等 5 条河流在此汇聚，形成华北大地上五河汇流的壮观景象。运河两岸植树造林，恢复了芦苇、荷花等湿地植物，形成草丛沼泽群落。2500 亩水面和 8200 亩绿化组成的大运河森林公园，成为一座巨型氧吧。

上百年来日渐壅塞的河道和近年来工业排放造成的污染正在逐一得到清理，垃圾回收系统、水资源利用系统、雨水回收系统，构成一张绿色的环保网。运河末端，修坝建闸，截流天然雨水，涵养地下水资源。河水多起来，也活了起来。当地人告诉游客，现在的大运河里，鱼多了，野鸟也多了。“每年都有白天鹅飞过来，还有灰鹤、白鹤、鸬鹚，来观鸟、拍鸟的游客也很多。”从800年前的“小燕京”，蝶变成具有国际标准的宜居新城，通州就像大运河龙头上的眼睛，一旦被点亮，绵延千年的古运河势必在新时代涅槃重生。

第四章 船号捎来京腔京韵

——北京运河人文遗产

1. 紫禁城：地球表面最恢宏的皇城

“山河千里国，城阙九重门。不睹皇居壮，安知天子尊？”唐代骆宾王寥寥几句诗，就把古人对天子住处的尊崇与好奇表现出来了。对于现代人来说，站在紫禁城太和门广场，仰望蓝天、白云、红墙、黄瓦、朱柱、绿水、青砖，正是一幅浓缩了东方帝国全部想象的油画。依照中国古代的星象学说，紫微垣（即以北极星为中心的区域）是天帝住处，天人对应，所以皇帝的宫殿被称为紫禁城（又称宫城）。具体来说，它包括紫禁城护城河环抱的全部地域，南达外金水河护佑着的天安门、太庙和社稷坛，向北到故宫博物院正门——神武门。

紫禁城雄踞北京中轴线，建筑严格地遵循对称规则，东西展开。城墙内面积约 72 万平方米，明清两代共有 24 位皇帝在这里住过，发出无数道军国大策，决定着一代代中国人的命运。传说皇宫里有九重宫阙、9999间半房屋，只比天宫少半间。1973年，专家做过统计，发现故宫实有8707间房。放眼全球，其占地面积之广，建筑组群之雄，珍藏文物之丰，连续时间之长，蕴含理念之深，文化影响之久，都无与伦比。故宫的面积非常之大，法国卢浮宫的面积不到故宫的1/4，俄罗斯圣彼得堡的冬宫面积仅相当于故宫的1/9，莫斯科克里姆林宫的面积也不及故宫的一半。

（1）永乐皇帝的千秋大梦

现在的紫禁城就是明清皇宫，主要奠基人是明初永乐皇帝朱棣。明建文四年（1402年），被开国皇帝朱元璋安排在北平府镇守华北门户的燕王朱棣，冒天下之大不韪，费尽心机，辗转曲折，夺取了自己侄儿建文帝的天下，攻破都城应天府（今南京市），当上明王朝第三个皇帝。不过，身居虎踞龙盘、水陆便利的应天府，朱棣却对燕赵之地念念不忘，不知从什么时候开始，他决心把皇城迁到北京。准确动机已难以考证，大概原因有防备元朝、风水天象、骨肉残杀落下的心病，等等。登基4年后，朱棣下令开始在北京筹建新皇城，一场浩大的工程拉开帷幕。

在此前后，朱棣发动的一系列大规模对外战争均取得了胜利，南北大运河浚通工程与南京大报恩寺塔的建造等民生和形象工程的开启，让新生的帝国呈现出一片蒸蒸日上的气象。天子居住的圣殿，自然成为重中之重的国家级工程。朱棣先派出大批筹建人员，奔赴全国各地采买名贵原料，并遍寻天下名匠，光是准备工作，就持续了约11年。那些珍贵的古树名木大都生长在崇山峻岭里，百姓冒险

> 俯瞰故宫全景

进山采木，很多人为此丢了性命，留下“入山一千，出山五百”的民谣。石料搬运同样艰辛。现在保和殿后那块巨型丹陛石，开采于北京西南房山，史书记载了运送它时的情景：寒冬腊月时在沿途每隔一里左右掘一口井，从井里汲水泼成冰道，上千劳工死拽硬拉，用了近一个月时间才送到宫中。好在京杭大运河充分发挥了帝国交通大动脉的作用，各地建材和工匠源源不断随船而来，因此有了“先有大运河，再有北京城”这句俗语。

有如几百年前农耕时代最杰出手艺人们的一次“集体汇报演出”，泥水匠、漆匠、木匠、石匠、堆灰匠、雕塑匠、彩绘匠等20多万工

匠使出全副手艺，上百万民夫星夜兼程，到明永乐十八年（1420 年）十二月，终于完成皇城主体建筑的营造。“凡庙社、郊祀、坛场、宫殿、门阙，规制悉如南京，而高敞壮丽过之。”（《明太宗实录》卷二三二）。

一生好大喜功的永乐皇帝按捺不住内心激动，于明永乐十八年（1420 年）十一月初四，发布了一道迁都诏书：“爰自营建（北京）以来，天下军民乐于趋事，天人协赞，景贶骈臻，今已告成。选永乐十九年正月朔旦，御奉天殿，朝百官，诞新治理，用致雍熙。于戏！天地清宁，衍宗社万年之福；华夷绥靖，隆古今全盛之基。故兹诏示，

> 光绪皇帝大婚画像

咸使闻之。”（《明太宗实录》卷二三一）

从明永乐四年（1406 年）开始筹建，到明永乐十八年（1420 年）皇宫主要建筑竣工，再加上后面几年重修北京城垣，朱棣用了约 20 年时间修建北京新皇城，史书载“焦劳圣虑，几二十年”。新北京比元大都略向南迁，整个设计方方正正、稳稳当当，象征大明长治久安。虽然朱棣强调北京宫城建造遵循应天府南京之规制，但就奢华与壮丽程度而言，北京明皇宫完全可以名甲天下，而且是地球表面最大的皇宫。

（2）天子之城　华夏中心

“在那北京城内，大圈圈里头有个小圈圈，小圈圈里头有个黄圈圈。”京剧《游龙戏凤》里，正德皇帝的这句戏词可以充当北京城最直观的描述。“大圈圈”指的是外城（京城），“小圈圈”指的是皇城，“黄圈圈”则是紫禁城。皇城周长约 18 里，共有 6 门：正南面的叫大明门（原址在正阳门北侧，现人民英雄纪念碑南边），东边有东安门，西边有西安门，北边有北安门（清朝改为地安门）。在皇城内西侧，宫城外有一组皇家御园，名为西苑，其南面人工开挖了一个湖泊，即为南海。从北安门北的钟鼓楼，到京城最南门永定门，全长约为 16 里，可见其气势与规模。

皇城布局依据《周礼·考工记》所载“左祖右社，面朝后市”的原则，南北取直，左右对称。如今故宫左前方的劳动人民文化宫，明清是皇帝祭祀祖宗的太庙；右前方的中山公园是皇帝祭祀土神和谷神的社稷坛；前面有朝臣办事的衙门；后面是市民贸易的街市。北面是万岁山，南面是金水河，完全符合“负阴抱阳，冲气为和”的中国古代风水原则。

皇城再往里去就是北京城最核心的部分——紫禁城，正面第一重门是承天门（即今天的天安门），取“承天启运，受命于天”之意。初建时是一座黄瓦飞檐的三层大牌坊，后扩建为门楼。楼台下有五阙券门，中间券门最大，只有皇帝可以由此出入。一条笔直的中心御道，向北穿过第二重门端门，直通皇宫第三重门午门。紫禁城呈长方形，南北长约 960 米，东西长约 760 米，城墙高约 10 米。城墙外有宽 50 多米的护城河，俗称筒子河。它分为外朝和内廷两大部分。外朝包括三大殿：奉天殿、华盖殿、谨身殿，坐落在汉白玉包筑的三层石台上，是皇帝举行重大仪式，接见使节和处理政务的地方。其中奉天殿最为宏伟，高达 11 丈，取名于“奉天承运”，俗称金銮殿。内廷主要建筑有乾清宫、交泰殿、坤宁宫和“东西六宫”等，是皇家生活之所，住着母后、妃嫔们。乾清宫是内廷正殿，明朝有 14 个皇帝都以乾清宫为寝宫，也在此处理日常政务。由于宫殿高大，空间宽敞，里面分成数个内室。皇帝每晚就寝之处很少有人知道，以防不测。这里还发生过“壬寅宫变”“红丸案”等宫廷政变案件，更是蒙上了一层神秘色彩。

（3）清朝重建　再续传奇

明崇祯十七年（清顺治元年，1644 年），明王朝在李自成农民军和清军的分头冲击下，轰然倒塌。李自成军攻陷北京，暂时占领了皇城。不过很快，清军入关，李自成只当了 42 天皇帝就被击溃。撤退前，李自成一把大火，焚毁了紫禁城，仅存武英殿、建极殿、英华殿、南薰殿、四周角楼和皇极门，其余大多一片废墟。这年五

> 太和殿门前的铜狮　徐洪云 / 摄

> 故宫太和殿

> 故宫飞檐　张彦芳 / 摄

月初二，清军进入北京，接管紫禁城。同年十月初一，顺治帝在太和门向全国颁布登基诏书，清王朝正式定都北京。此后历时 14 年，将中路部分的大殿基本修复。清顺治八年（1651 年），在承天门原址废墟上新建一座城楼，更名为“天安门”，取“受命于天，安邦治国”之意。清康熙三十四年（1695 年），紫禁城的复建工程基本完工，规模和形制比明永乐时期有过之而无不及。

跟明朝一样，清朝的紫禁城还是分为外朝和内廷两大部分，并没有把前朝宫殿全部拆毁，而是最大限度利用了原有空间，继承发展。外朝以太和殿、中和殿、保和殿为中心，文华殿和武英殿为东西两翼，是朝廷举行大典的地方。为了凸显皇权的至高无上，这部分建筑宏伟壮丽，广场开阔浩荡，显得太和殿尤为伟岸。皇帝登基、大婚、册封、出征等都要在这里举行盛大仪式，文武百官山呼万岁，鼓乐齐鸣，威震天下。中和殿是皇帝出席重大典礼前休息和接受朝拜的地方，最北面的保和殿则是皇帝赐宴和殿试的场所。外朝的后面是内廷，穿过乾清门，里面乾清宫、交泰殿、坤宁宫、御花园以及东、西六宫井然有序，大多自成院落，深邃，紧凑，是皇帝处理政务和母后、妃嫔们居住的地方。此外，东侧还有宁寿宫建筑群，是乾隆皇帝留给自己当太上皇养老的城中之城。

皇帝以天子自居，皇宫自然是天下中心，处处体现出万国来朝的威仪。一位普通官员拜谒圣上，要经历一段漫长的距离：从正阳门进城，走过长长的千步廊和御道，悠远蓝天下重重的金色飞檐、深红城楼、洁白栏杆，高大华表次第展开；走过端门、午门，在巨大的建筑下，渺小的个体就像一粒米在广场上移动；走过午门后的太和殿广场，迎来舒缓的内金水河和玉带般的桥；终于攀上太和殿后，走过长长的红毯，尽头御座上是高高在上的皇帝。至此，再自命不凡的士大夫都会双膝一软，身不由己地跪倒在地。上千年来，无数官员都走在这样的路上。

（4）皇城开放　平民乐园

清宣统三年（1911 年），辛亥革命风起云涌，清王朝覆灭。不过，根据当时拟定的《清室优待条件》，逊帝爱新觉罗·溥仪仍被允许住在内廷，还可以沿用宣统年号，发布“上谕”，遗老遗少行跪拜大礼，俨然“国中之国”。1924 年，冯玉祥发动“北京政变”，溥仪被逐出紫禁城，由国有的“清室善后委员会”全面接管。1925 年 10 月 10 日，一块写着“故宫博物院”5 个大字的青石匾额悬挂到神武门上，故宫博物院正式成立。上千年来的禁地一朝开放，吸引了汹涌而来的人群，两天内就接待观众 5 万多人。在这里可以看到代表中原农耕文化的青铜器、碑拓书画、宋元善本，代表东北森林文化的满文档案、满族服饰，代表西南高原文化的雨花阁、唐卡、藏密经文，代表西北草原文化的元青花瓷，代表海洋文化的珊瑚、砗磲等，集中了中国古代史上不同时期、不同地域、不同民族、不同文化的精粹，是学者进行学术研究的宝库。

1933 年，抗日战争全面爆发前夕，故宫博物院为了让文物免遭战火或被日寇掠夺，将宫内文物打包南迁，并在南京建立文物库房，后来部分文物流落到台湾。1949 年前，国民政府内忧外患，自顾不暇，故宫建筑日渐败坏，多处房屋坍塌，垃圾成山。中华人民共和国成立后，政府对故宫进行了大规模整修。20 世纪 50 年代初，从宫内

> 日落照耀下的故宫屋顶　杜凯 / 摄

> 冬雪下的紫禁城　谢华伟 / 摄

> 金碧辉煌的故宫内部

> 紫禁城内的门环

清除出去的陈年垃圾竟达25万立方米，同时拔除杂草，疏通河道，院容焕然一新。经过几十年的不懈努力，许多破败、渗漏的殿堂楼阁得到修复，恢复了往日的金碧辉煌。院内还加装了各种防火、防盗、避雷措施，让古老的宫城得到更有效的保护。博物院还成立了文物保护科学技术部，利用最新科技成果，结合传统工艺，对文物进行修复保护，以延续这些国之瑰宝的魅力。民国时期的故宫博物院，开放区域仅限于乾清门以北的内廷，近几十年来，故宫博物院逐步增加开放，预计2020年将开放大部分区域，使得普通百姓可以看到更全面的古代帝王生活和工作的场景。从君享到民享，从君爱到民爱，故宫打碎皇权的枷锁后，正获得越来越旺盛的生命力。

> 禄米仓在清初有 30 个仓廒，清康熙二十二年（1683 年）增至 57 个仓廒，光绪末年减为 43 个仓廒。历经多年，目前仅存 3 个仓廒　赵雅丹 / 摄

2. 仓廪实帝王安

入夜后的北京，随着西边的天幕从姹紫嫣红变成深红、暗红，远近的灯光逐渐亮了起来，一会儿就形成一片灯光的海洋。在东四十条的高楼大厦背后，几处灰砖灰瓦的矮房也亮起红灯笼，里面还传出悠扬的乐声。周围的居民和白领似乎已经习惯了这几座古朴建筑与周围玻璃幕墙的搭配，几乎忘掉了它们曾经具有的功能——皇家粮仓。俗话说，“仓里有粮，心里不慌”，不管是天子还是庶民，数千年来都为这句话费尽心思。大运河是古代帝国的生命线，运河边那些星星点点的粮仓，则是帝王巩固自己统治的基石。漫步在这些粮仓遗址，展现在人们面前的是一幅运河变迁的画卷。

（1）千里漕运尽入仓

自元代定都北京以来，人

> 东城区南新仓历史文化中心　王琼 / 摄

口激增，北京城里上到王公大臣，下到平民百姓，吃饭问题主要靠“南粮北运”解决。为了储存巨额漕粮和俸米，朝廷在京城和通州设置官仓数十个。明朝时，北京发展成当时世界规模最大、最繁华的都市。北运漕粮每年近 400 万石，数倍于元代。为了满足供应，城内继续增修大型粮仓，还在通州建有 4 座国仓，即大运中仓、大运西仓、大运东仓、大运南仓。

到了清朝，每年仍有数百万石漕粮及各类物资源源不断自江南运来。朝廷在京城和通州各设官仓，“京仓为天子之内仓，通仓为天子之外仓”。由于朝阳门为运粮通道，城内粮仓主要位于朝阳门附近，在元、明基础上改造而成。北侧有海运仓、北新仓，中部有南新仓、旧太仓、兴平仓和富新仓，南侧有禄米仓，共同肩负储运粮食的重任。民间谈起北京作为京城的标志，有“五坛八庙十三仓”之称，其中五坛八庙指的是皇室祭祀天地祖宗的场所，十三仓则是皇家仓廒，包括京城的禄米、南新等 11 仓，加上通州的中仓和西仓。粮仓实际数量只多不少，维系着帝国的正常运转，是千年漕运的见证。

（2）王公大臣“口粮仓”

这些粮仓里有一座专供京城官员的俸米，故称“禄米仓”。至今仍藏在朝阳门内南小街禄米仓胡同深处。清康熙年间漕运最为发达时，这里的仓廒多达 57 座，几乎占到整个禄米仓胡同房产的一半。从朝阳门通往禄米仓的路上车水马龙，热闹非常。如今，只剩 2 座仓廒的遗迹，其余的粮仓只剩名字流传。现存的仓廒高大宽敞，坚固厚实。为防止水淹，地基较高。高约 7 米，长约 23 米，内宽 17 米左右。墙面以大块城砖砌成，墙基厚达 2 米，顶部则厚不到 1 米，具有很强的抗震、抗压、恒温能力。房顶开气窗，通风防湿。以竹篾编成挡板罩在窗上，就像纱窗一样，防止飞鸟进入。

清光绪二十六年（1900 年），八国联军占领北京，将军队驻扎在这里，禄米仓的储粮历史自此结束，成为刀光剑影的兵营。民国建立后，这儿又成了北洋政府的兵营，还发生过一件震惊中外的“禄米仓兵变”。1912 年 2 月 27 日，身在南京临时政府的孙中山邀请袁世凯前往南京就任中华民国总统。就在袁世凯准备出发的当口，29 日深夜，北京城里突然枪声大作，驻扎在禄米仓的北洋军步兵与驻扎在朝阳门外的炮兵联合发生哗变，里应外合，一路烧杀劫掠。为形势所迫，袁世凯不得不留在北京就任，再也没有离开他的大本营。其实，这是老谋深算的袁世凯自导自演的双簧戏，此后一步步滑向称帝的深渊，民国的历史就此改变。

如今，那些风云诡谲已经远去，只有巷中的智化寺还不时传出几缕悠悠古乐，诉说着几百年来的前尘往事。

（3）风华绝代南新仓

在京城“文物大道”平安大街东侧，有一片特色休闲街。古老的粮仓边就是灯红酒绿的高档商务区，甚至还有 600 岁的昆曲《牡丹亭》演出，颦笑倾城，凤步摇簪，连空气也凝成绝叹，观众宛如赴了一场 600 年前的夜宴。这片繁华的根基就是 600 年南新仓，市民们可以在这里感受历史中的时尚。南新仓是明永乐七年（1409 年）在元代北太仓的基础上建成的，俗称东门仓，现保留仓廒 9 座，为全国仅有、北京规模最大、保存最完好的古仓廒群，是京都史、漕运史、仓储史的见证。明初规定仓廒以 3 间为一廒，清朝改为 5 间一廒，每廒存粮约 1.2 万石。清初，南新仓有 30 廒，经康雍乾三朝陆续扩充，增为 76 廒。每廒面宽约 24 米，进深约 18 米，高约 7.5 米。廒门挂匾额，标明编号。

除仓廒外，官仓还有许多附属建筑，龙门、官厅、科房、大堂是办公用房；警钟楼、更房为报警巡更人所用；仓神庙、土地祠等为祭祀之用；激桶库和水井，供救火之用。官仓外均有围墙，墙上安设棘刺以防翻越。为了防止粮食发霉，管理者还想出妙招。清雍正三年（1725 年），新米到京时，阴雨连绵。皇帝派内务府总管勘查各仓情况。来到南新仓，发现保存良好。原来是库管人员仿照江南粮仓，用上下贯通的大毛竹筒竖插在米堆里，以泄郁热之气。总管不禁称妙，于是在其他仓廒推而广之。

民国时期，南新仓改为军火库。1949 年后，这里被百货公司作为货仓征用。后因修路、盖楼等原因，廒座陆续遭到拆除，现剩不到 10 廒。2013 年这里被列为全国重点文物保护单位。政府在这里进行了“以文化养文物”的开发尝试，计划打造成集文化、旅游、休闲、餐饮为一体的特色街区。时尚与古典产生的化学反应，让南新仓的未来更受期待。

（4）八百年天子外仓

金代以来，各朝均在通州建有粮仓和漕运衙署，鼎盛时期，小小的通州城内布满漕运机构，以至从京城过来办事的官员络绎不绝。明代著名文人、兵部尚书杨士奇曾赋诗描述此种景象：“城依红云下，门临绿水滨。宝鞍驰骏马，都是帝京人。”如今，那些规模宏大、鳞次栉比的仓廒已完全不存，仅剩若干残墙倔强地矗立在街市，或以不同形式给后人留下自己的影子，比如后南仓、中仓、四员厅胡同等地名，提醒后人勿忘辉煌的漕运史。

当年金朝取得北部中国的统治权后，设置通州，并建丰备仓、通积仓和太仓 3 座粮仓，储量 100 多万石。从此，通州就成为“天子外仓”。如今这 3 座粮仓已无迹可循，据推测可能分布在燃灯塔之南的州署遗址附近。元朝时，小型粮仓一般有仓房一二十间，大的有七八十间，每间可储粮 2500 石。通州粮仓基本上是中上规模，元朝后期达 14 座，广布于通州城北及张家湾运河沿岸。连同元大都的 27 处粮仓，整个仓储量高达 700 多万石。

明代永乐皇帝迁都北京后，“军国之需，尽仰给于江南”。在通州城内外先后建成中仓、南仓、东仓、西仓等粮仓，计有仓房 3600 多间，储粮达 900 多万石。“不见潞河之舟楫，则不识帝都之壮也”。到了清初，通州有粮仓 3 座：西仓、中仓、南仓，在城北皇木厂还设有一座“兵米场子”，储存着镇守东陵官兵的粮饷。乾隆年间，撤掉南仓 81 座仓廒，留下中、西粮仓共有仓廒 400 多座，可储粮 400 万石。清《御制通州石道碑》载：“潞河为万国朝宗之地，四海九州岁致百货，千樯万艘，辐辏云集，商贾行旅梯山航海而致者，车毂织络，相望于道，盖仓廪之都会而水陆之冲达也。”北京的繁盛来自于通州源源不断的漕运接济。

清代末期，王朝风雨飘摇，通州粮仓屡遭冲击。清光绪二十六年（1900 年），八国联军占领通州，不仅夺取了全部仓粮，还抢走库银，之后又将漕运官署设施付之一炬。

清光绪二十七年（1901 年），因京通各仓失修倒塌过多，漕粮归并到城内4仓收储，通州粮仓完全废弃。到清光绪三十一年（1905年），漕运制度彻底废止，喧嚣了数百年的漕运码头终于沉寂下来。

昔日每年农历三月初一，河冰初解，春水初涨，第一批漕船抵达通州码头，要举行盛大的祭坝神仪式，是官民同庆的大喜日子。吏员、船户、仓役、官兵、百姓齐聚现场，整个通州热闹非凡。随着声声欢呼，浩浩荡荡的漕船终于从树影里露出帆来，它们结队在大运河上航行，前后绵延数十公里，所到之处，两岸百姓争相围观。更让人期待的是，随漕船运抵的不限于粮食，还有极其丰富的各类“南货”，如农产、棉纺、丝绸、酒类、果品、纸张、竹木藤器、杂货、铜铁器、药材等上千种货物。它们将进入通州和京城的千家万户，满足各种日常需求和生活享乐。

古代的中国，正是通过这样的方式打通南北，由此产生了上下八百载，世代绵延的漕运传奇。

3. 京城会馆：胡同深处的乡愁

京杭大运河满载漕粮，满载旅人，也满载乡愁。从明初开始，京城建起一座座会馆，由士绅商贾出资，一开始主要为了满足赶考举子的食宿需要，后来细分成各类行业会馆，成为客居京城的同乡访亲、社交、娱乐、祭祀的聚集地，满腔乡愁在这里得到化解。

由于清朝实行满汉分居，外地人来京只能于外城找落脚地，京西南的广安门就成为南人进京的入口。林林总总的会馆主要沿广安门内大街自西向东分布，面积不大的“宣南地区”成为北京会馆最集中的地方。据估算，清朝北京大小会馆有800多处，堪称全国之最。

一部会馆史，半部近代史。作为人脉搭建和信息交流的场所，会所跟历史事件和名人紧密联系在一起：曾国藩在湖广会馆操办过六十大寿；康有为在米市胡同的南海会馆酝酿戊戌变法；龚自珍在上斜街的番禺会馆里奋笔疾书；鲁迅从 1912 年起住进绍兴会馆，达 8 年之久；孙中山先生曾到香山会馆参加集会……还有新修缮的台湾会馆、吉州会馆、平遥颜料会馆、汀州会馆、正乙祠等特色会馆。

（1）湖广会馆：浓缩近代风云

“魏阙共朝宗，气象万千，宛在洞庭云梦；康衢皆舞蹈，宫商一片，依旧白雪阳春。”这副名联讲的便是曾高朋满座、车水马龙的湖广会馆。它坐落在西城区骡马市大街东口南侧，嘉庆年间始建，最初为私宅。清嘉庆十二年（1807 年），湖南籍体仁阁大学士刘权之与湖北籍顺天府尹李钧简共同倡议在此兴建两湖联谊场所，这就是“湖广”二字的由来。清道光十年（1830 年）扩建殿宇戏楼，常有名流学士、政界要人在此流连唱酬，成为宣南胜地。曾国藩、章太炎、宋教仁、梁启超、马寅初等风云人物都曾在这里留下身影。1912 年 8 月 25 日至 9 月 5 日，孙中山先生更是先后 5 次莅临，召开国民党成立大会，是民国史上的大事件。

如今走进湖广会馆，历史的沧桑已经隐没在色彩明丽的红栏碧瓦后，藤萝掩映，小径微露，曲径回廊妙趣横生，花木扶疏悦人眼目。京剧元素是这座会馆给游人最深的印象。这里有一座闻名遐迩的大戏楼，建于清道光十年（1830 年），双卷棚勾连悬山式屋顶，被誉为“世界十大木结构剧场”之一。著名京剧大师谭鑫培、梅兰芳、余叔岩等都曾在这里登台献艺。戏楼修葺一新，漆彩鲜亮，黄丝缎天幕上花团

> 京剧《霸王别姬》　王恒 / 摄

锦簇，绣着龙凤戏珠、牡丹蝙蝠等吉祥图案，戏台上方挂有一块题为“霓裳同咏”的匾额，黑底金字衬得满堂生辉。为了让外宾们也能看懂剧情，表演时现场提供中、英、日等字幕。倚着红木雕栏，听一段“不插电”唱腔，老北京的悠然闲适从戏台深处飘来……

（2）临汾会馆：京腔晋韵话桑梓

前门区域西打磨厂街与草厂三条胡同交会处的西北角，伫立着一座古朴的灰色二层小楼，青砖、朱门、大槐树，没有花哨的装饰，却有一种“看山似山见水似水”的大气和低调，这就是始建于明初的临汾会馆，静静讲述着500年来的往事。临汾会馆分为东馆和西馆，这里是东馆，西馆在前门外廊房三条。最初由山西汾县旅京的纸张、颜料、干果、烟行、杂货五行商人共同筹资兴建，清乾隆年间重修，也称临汾乡祠。光绪以后，各行各业纷纷组建独立商会，临汾乡祠逐渐弃置不用，变成居民大院。前几年，政府进行了腾退，基本恢复了会馆本来面貌。

踏进院内，三进院落的气势扑面而来。跟老北京四合院平房不同，这里的建筑是二层结构，正房高大宽敞，院落为长方形，体现了山西大院的特色，也方便进行祭祀、聚会、演出活动。馆内存有多处历史遗迹。第二进院落中殿屋顶上还有金蓝两色的双龙戏珠图案和“金龙和玺”彩绘。这种图案本是皇家专用，但由于这里用来祭祀关公，所以不算冒犯。

中殿有一组镇馆之宝，是光绪年间的两块石碑，记载了当年牙行和商会斗争的事件，是研究旧时商业组织的珍贵史料。所谓牙行，就是过去协助买卖双方成交并抽取佣金的组织。清光绪八年（1882

年），有3家牙行突然向经营纸张颜料的晋商加价，要求每件货物多收二钱银子。商会不答应，于是对簿公堂，最后打赢官司。其中一块石碑写着官府上谕，相当于判决书；另一块记录了事情经过，并感谢祖宗神明庇佑，告诫同乡今后要团结一致。馆内还有两块石碑是乾隆时重修会馆所立，文字清晰可辨。后殿存有康熙年间的两块木刻牌匾。

由于临汾会馆建筑规制、格局都保存尚好，是对会馆文化较好的展示，政府辟出一部分作为“桑梓之情——北京会馆文化展”，一圈走下来，北京会馆的兴衰发展尽在眼底。随着时间的推移，这些会馆早已退出历史舞台，有的改头换面后融进现代都市生活。不管它们如何变换，都已成为老北京文化血脉不可或缺的部分，反映了京城政治、商业、教育、美食、戏曲等方面的变迁。

4. 水路变戏路徽班晋京来

北京大栅栏地区的西南部，珠市口西大街纪晓岚故居旁，有一块巨大的地标石，正面写着“京剧发祥地”5个大字。原来，这里就是200多年前徽班晋京的落脚处，众多京剧名伶的聚居点。京剧文化从这里走向全国、扬名世界，成为国粹。作为没有根基的“北漂”，当年徽班是如何后来居上，成为京城宠儿的呢？京杭大运河有一多半的功劳。可以说，没有大运河，也就没有京剧。北京是一座运河上漂来的城市，京剧就是漂来的艺术。

（1）万岁爷陶醉曲乡艺海

明代和清朝初期，徽班晋京之前，北京城里最火的是昆曲。袁中

> 正在化装的京剧演员

道《游居杮录》记载，明万历三十八年（1610年）及四十四年（1616年），他在北京观看了3次昆山腔，演出剧目达三十几部，其盛况可见一斑。源于苏州的昆曲以雅见长，婉转清丽，代表“高大上”的江南士大夫文化，被冠为“雅戏”。其他戏曲则统统被称作“花部”，有混杂、粗俗之意。清廷扬“雅”抑“花”，使得昆曲越来越贵族化、程式化。

好戏文的乾隆皇帝，大概也对这种花架子有些腻味，开始向往外面的“花花世界”。清乾隆四十五年（1780年）正月，乾隆开始了沿着京杭大运河的第五次南巡。由于前四次南巡都要侍奉随行的母后，一路不敢造次，更多的是访贫问苦，视察水利，皇太后病逝后的

> 传统京剧演出地湖广会馆内景

这次南巡，就多了些享乐主义的意味。乾隆一生好大喜功，江南的官宦巨贾，每每到了万岁爷南巡的时候，都会投其所好，把排场搞得很大，眼花缭乱的戏剧演出就是非常重要的迎驾节目。因为依傍运河，清代扬州为北通京师、南达浙闽、东入大海、西通两湖之交通要地，还是全国最发达的盐业集散地。发了大财的盐商们，追求“俳优伎乐，恒歌酣舞”，使得扬州名伶云集，戏班众多，成为全国重要的戏曲文化中心，堪称“曲乡艺海”。接到皇帝南巡的通知，各省巡抚哪敢怠慢，迅速行动，搜罗本地最好的戏曲班子，会聚扬州。州府在运河边文峰塔下的“扬州三湾”专门搭起舞台，要举办一次前所未有的盛大堂会。据史料记载，当地官员把舞台搭成一个硕大无朋的红桃，当御舟驶近，岸上焰火齐发，让人目炫，这时桃子裂开，露出一个容纳数百人的剧场，开始表演新排的福山寿海戏。各戏班使尽浑身解数，你方唱罢我登台，直到皇帝离开扬州，各路戏班还继续留在扬州，在城中大小舞台上敲锣打鼓，拨弦拉琴。

（2）“花戏”压倒“雅戏”

一段时间后，各戏班已经彼此相熟，他们聚在一起做了一个改变中国戏剧史的决定——结伴晋京。几十艘班船满载脂粉香气，首尾相衔，走一路演一路，每经过一个运河城镇，就拢船登岸，就地搭台。在水上旅行中相互观摩、彼此切磋，结下友谊，为以后的融合打下基础。经过一年多的盘桓，这支汇聚了不同剧种的浩浩荡荡的船队终于到达梦想中的京城，在大栅栏一带落下脚来，并在太平园、四宜园、吉祥、中华等戏楼亮相。在京城的大舞台上，他们既有明面上的比试，也有暗地里的较劲，还有日常生活中的交流，各个戏班的剧目变得更加丰富多彩，艺术形式更加多样，风头很快盖过曲高和寡的昆曲。

清乾隆五十五年（1790 年）秋，身体硬朗的乾隆皇帝迎来了八十大寿。普天同庆的日子里，一个由扬州巨商组织的名为“三庆”的班底进宫祝寿来了。实力强劲的他们“一炮打响”，在宫中的演出异常成功。得蒙圣恩，在京城留了下来，场场叫座，一时风光无限。

（3）徽汉合流孕育国粹

三庆的火爆引来其他几位重量级伙伴——四喜班、和春班、春台班陆续来到京城。他们各有所长，号称“三庆的轴子，四喜的曲子，和春的把子，春台的孩子”。自此徽班立足京城，逐渐确立了民间戏班的领袖地位。其他剧种艺人纷纷加入徽班，分享这场盛宴。道光年间，湖北的楚调，即汉剧艺人也来到北京。他们跟徽剧同源，又受到陕西秦腔的影响，风格独特，广受欢迎，经常跟徽班搭台演出。渐渐地，一个融合了徽剧二黄调、汉剧西皮调，吸收了秦腔、弋腔和昆曲精华，加上具有北京语言特点念白的新“皮黄戏”呱呱坠地——这就是“京剧”。

清朝王公贵族大都是京剧迷，慈禧更是资深“粉丝”之一，颐和园里就专门给她建有看戏的德和园大戏楼。

同治年间，京班沿着大运河南下来到上海，继而传播到苏州、无锡、杭州、嘉兴等地。大小戏班坐着江南的乌篷船四处漂流，或给富人家唱堂会，或在乡间搭台演出，让京剧走出红墙，接着唱红民间。民国时期，虽然家国不幸，但京剧艺术却蓬勃发展，产生了“四大名旦”“四大须生”等名家流派，收徒授艺，桃李满天下。20 世纪 20 至 40 年代，京剧艺术大师梅兰芳先生，先后率团赴日、美、苏等国做访问演出，将京剧艺术之花撒向世界，京剧甚至成为东方戏剧表演体系的代表，赢得各国人民的赞美。而梅兰芳的祖父梅巧玲，就是扬州人，当年通过京杭运河来到京城。

因为大运河，滋润出了“千家养女先教曲，十里栽花算种田”的扬州，有了乾隆南巡时汇集数种地方戏的盛会，有了众多戏班的北上，有了各剧种间的竞技，有了他们在北京“九门轮转”演出中的借鉴融合，最终演化出了国粹京剧——一场奉献给世界的文化绝响。